W0460965

Hochbeete

und Schlüssellochgärten

Hochbeete

und Schlüssellochgärten

BRIGITTE KLEINOD
MANFRED STIEBLER

KOSMOS

PLANUNG
Mein individuelles Hochbeet

ZUBEHÖR & FÜLLUNG
Praktisch und pflegeleicht

NUTZPFLANZEN
Ertragreich und lecker

KULTURMETHODEN

Erfolgreich ernten

EXTRA

Besondere Beetformen

PLANUNG

Mein individuelles Hochbeet

WARUM EIN HOCHBEET BAUEN?

HOCHBEETE LOHNEN SICH für jeden Garten, besonders wenn sie für den eigenen Kräuter- und Gemüseanbau genutzt werden sollen. Auf kleiner Fläche lässt sich hier vom zeitigen Frühjahr bis in den Herbst, mit Abdeckung sogar den ganzen Winter über, Kulinarisches anbauen und ernten. Auch Anfänger behalten leicht den Überblick, selbst wenn sie vieles durcheinander pflanzen. Die Kräuter und Gemüsepflanzen können dichter gesetzt und nach der Ernte kann jede entstehende Lücke wieder neu genutzt werden.

VORTEILE

Der größte Vorteil von Hochbeeten ist aber das rückenfreundliche Arbeiten. Bücken braucht sich hier niemand mehr, sofern er die Höhe des Hochbeets an seine Körpergröße anpasst. Und sogar im Sitzen kann man seine Leidenschaft an speziellen Hoch- und Tischbeeten ausleben. Der anfänglich größere Aufwand durch das Bauen und Füllen des Beetkastens wird bereits im ersten Anbaujahr wettgemacht. Während der Nachbar bereits zum zweiten Mal seinen Salat pflanzt, weil die Schnecken die erste Partie in einer Nacht aufgefressen haben, wachsen im Hochbeet bereits die ersten erntereifen Salatköpfe. Mit einem passenden Frühbeetaufsatz und einer Mistbeetpackung kann die Kultur im Hochbeet wesentlich früher beginnen und ebenso auch später enden. Winterkulturen wie Feldsalat können mit dem gleichen Frühbeetaufsatz oder einem gespannten Vlies vor Schnee geschützt sogar im Februar noch geerntet werden. Fast lückenlos beginnt dann die Saison im März von vorne.

BEISPIEL TREPPENBEET

Doch Hochbeete können noch viel mehr. Als Treppenbeete kann man mit hintereinander gestaffelten Hochbeeten einen Hang so gliedern, dass jede Ebene rückenfreundlich von der darunter liegenden gepflegt werden kann. Hier bekommen die Pflanzen besonders viel Sonne, sodass auch besonders wärmeliebende Kräuter und Gehölze in kühleren Gegenden angebaut werden können. Die Hangsteine speichern zudem die Wärme und kalte Bodenluft fließt hier einfach ab. Treppenbeete können mit einem angepassten Substrat gefüllt werden, sodass man hier auch Spezialisten, besonders kalkliebende Mediterrane, anbauen kann.

AUF EINEN BLICK

Saison	frühe Erwärmung der Erde und einfache Montage von Frühbeetaufsätzen, Schutz vor Bodenfrost
Erträge	früherer Beginn und höherer Ertrag auf kleinem Raum
Ergonomie	rückenfreundliches Arbeiten im Stehen oder Sitzen mit kleinen Handgeräten
Boden	einfaches Mischen der gewünschten Kultursubstrate und Unabhängigkeit vom vorhandenen Boden
Pflanzenschutz	gute Krankheits- und Schädlingsverhinderung möglich, kein Niedertrampeln der Kulturen durch Tiere
Bewässerung	gezieltes Gießen und Mulchen, Schutz vor zu viel Regen und Verschlämmen

[1] Die Anlage bestimmen Die Anlage und Form historischer Beete, wie hier in einem Garten aus den Niederlanden, können als Vorbild für Hochbeetgärten dienen. Die gezeigten gerahmten Beete, deren Nutzflächen nur knapp oberhalb des ursprünglichen Erdbodens liegen, sind als Hochbeete allerdings nicht sehr rückenfreundlich.

[2] Das passende Material Als Nutzbeete für Gemüse und Kräuter sind Hochbeete aus Holzschwellen und Trockenmauern kaum mehr aus Kleingartenanlagen und Nutzgärten wegzudenken. An beiden Materialien haben Sie bei entsprechender Pflege lange Freude.

[3] Klassisch oder modern Passend zur Architektur des Hauses gestalten Hochbeete den Garten nicht nur auf praktische Weise, sondern können ihn auch dekorativ stärker in Szene setzen. Naturmaterial wie Weidenflechtwerk eignet sich dabei nur zur Einfassung niedriger Hochbeete.

[1] Wetterfester Baustahl Cortenstahl (COR-TEN-Stahl) kann nur vom Fachmann zum Hochbeet verschweißt werden. Dieses Material eignet sich gut für eine Bepflanzung mit frost- und hitzetoleranten Zwerg- und Halbgehölzen, da die Erde im Beet im Sommer schnell aufheizt und im Winter ebenso schnell auskühlt.

[2] Natur- und Betonsteine Je nach Eigengewicht und Beethöhe können Natur- und Betonsteine trocken oder mit Mörtel aufgesetzt werden. Der Erddruck im Beet auf die Außenwände darf nicht unterschätzt werden.

[3] Schachtringe aus Beton Runde Schachtringe aus Beton lassen sich kreativ mit Mosaiken, Kieseln oder Holzlatten verzieren.

[4] STIMA-Hochbeet Ergonomische Formen mit Fußfreiraum sind das Ergebnis intensiver Tüfteleien des Fachmannes Manfred Stiebler.

MATERIALAUSWAHL

HOCHBEETE KÖNNEN IM GARTEN eigentlich nur dann optisch wirklich überzeugen, wenn sie in Platzierung, Baustil, Form, Material und Farbe zum Haus und/oder anderen Gartenelementen passen. Ob einzeln aufgestellt, als Mittelpunkt eines kleinen Bauerngartens, als Gruppe in einer Gartenecke oder als Abgrenzung gebaut, die Hochbeete sollten immer mit anderen Gartenteilen, z. B. einer Gartenhütte, einer Laube oder dem Gartenzaun, harmonieren.

MÖGLICHE FORMEN VON HOCHBEETEN

Ein rundes Hochbeet kann wie ein Brunnen wirken, ein rechteckiges wie ein Kompostbehälter. Übereck gebaut und mit Pfosten für eine Dachbespannung kann ein Tomatenhochbeet auch an eine Pergola erinnern. Schmale Beete an der Gartengrenze wirken dagegen wie eine Mauer oder wie ein massiver Zaun. An Grundstücken in Hanglage lohnt es sich immer, zu bedenken, dass man mit massiv gebauten Hochbeeten diese gut abstützen und den Garten in mehrere ebene Zonen gliedern kann. Im Sommer verrät die Bepflanzung, dass es sich um Beete handelt, doch die Hochbeete sollten als massive Bauwerke auch im Winter schön aussehen.

MATERIAL UND FARBE

Hochbeete aus Holz kann man lasieren oder passend zum Haus oder der Gartenhütte streichen. Wählt man WPC-Dielen (Holz-Kunststoff-Verbundwerkstoffe) für den Bau, kann man zwischen vielen dezenten Farbtönen wählen. Bei Betonsteinen kann man sich einen zum Wegbelag oder einer Mauer passenden Farbton auswählen. Hochbeete aus Schachtringen lassen sich mit Fliesenscherben, kleinen Steinen u.a. Material bekleben. Fertige Hochbeete aus Metall gibt es in unterschiedlichen Farbtönen zu kaufen, man kann sie aber auch mit geeigneter Farbe selbst streichen.

AUF EINEN BLICK

Bretter, Dielen, WPC-Dielen, Holztafeln	unterschiedliche Formen, Farben und Baustile möglich; nur mit guter Rahmenkonstruktion aus Hartholz oder Metall stabil und lange haltbar
Holzschwellen, Rundstämme	stabile, selbsttragende Bauweise, eckig oder rund, nur aus Hartholz lange haltbar; rustikaler Stil, ggf. mit farbigem Abdeckbrett anpassen
Betonstein, Naturstein, Gabionen (ohne Mörtel)	meist nur eckige Bauweise, geringe Farbauswahl; dicker Rand, stabil, gut für Hänge und Gartengrenzen
Gemauerte Beete (z. B. Klinker)	viele Formen und Farben möglich, gut im Stil an Haus und Nebengebäude anzupassen; sehr teuer im Bau
Runde Schachtringe und Gabionen	viele Gestaltungsmöglichkeiten durch Verputzen, Bekleben und Wahl der Steinschüttung; im Stil nur selten passend
Cortenstahl	unauffälliges und modernes Aussehen, dünner Rand; recht teuer
Kunststoffe	in Farbgebung, Stil und Material selten optisch überzeugend

IN DER GARTENGESTALTUNG

UNTER EINEM HOCHBEET verstehen die meisten Menschen ein freistehendes, kastenförmiges Gebilde zum Anbau von Nutzpflanzen. Doch es gibt viel mehr Möglichkeiten, Hochbeete in den Garten zu integrieren.

PARALLELE MAUERN

Überall dort, wo eine Mauer nötig oder gewünscht ist, kann man sie mit einer zweiten, davorgestellten, zum pflegeleichten Hochbeet umwandeln. Hohe Mauern wirken so nicht mehr so massiv und man nutzt die wärmespeichernde Wirkung des Steins für die Pflanzen. Kompakte Sichtschutzwände aus Gabionen oder Holzschwellen kann man ebenso auflockern, wenn man ein Hochbeet daran anlehnt bzw. davorstellt. Das Gleiche gilt für hohe, nackte Wände von Wohn- und Nebengebäuden. Nicht immer hat man dort genügend Sonne für Nutzpflanzen, aber auch viele Kletter- und Zierpflanzen fühlen sich in Hochbeeten wohl.

DIE RICHTIGE PLANUNG

Richten Sie Ihren Vorgarten auf dem Plan wie ein Zimmer ein. Denken Sie erst an die praktischsten Laufwege und stellen Sie dann die benötigten Elemente wie Möbel hinein. Größen, Höhen und die Standorte von Hochbeeten sollte man an Fensterbrüstungen u.a. Gestaltungselementen der Fassade orientieren.

Besonders in versiegelten Höfen und auf Pflasterflächen sind Hochbeete gut geeignet, um weitere Grünflächen zu schaffen.

AN SITZPLÄTZEN

Besonders an der Terrasse kann es sinnvoll sein, niedrige Hochbeete als Abgrenzung zu bauen. Bepflanzt man sie nur teilweise, kann man die restlichen Flächen mit einer passenden Abdeckung zum Sitzen oder zur Aufbewahrung von Sitzkissen, Gartenutensilien u.a. nutzen. Terrassen auf angeschütteten Hügeln kann man abstützen, indem man das Hochbeet auf der Terrassenseite niedrig, auf der Hangseite jedoch zum Stehen in 100 cm Höhe baut. So kann das Hochbeet von beiden Seiten gepflegt werden und ist zudem ein wirkungsvoller Sichtschutz. Bei Doppel- und Reihenhäusern kann ein Hochbeet, kombiniert mit einer Kletterhilfe, ein Sichtschutz zur Nachbarterrasse sein.

IM VORGARTEN

Selbst im Vorgarten leistet ein Hochbeet nützliche und gestalterische Dienste. So lassen sie sich schön mit anderen, einzeln stehenden Elementen wie Mülltonnenschränken und Fahrradboxen kombinieren. Außerdem ist die Pflege des Beetes wesentlich einfacher und das Aufstellen und Füllen eines Hochbeets ist preiswerter, als den vom Bau verdichteten und mit Schotter verfüllten Boden im Vorgarten für eine Bepflanzung tief auflockern zu müssen.

[1]

[2]

[1] Pflegeleicht & bequem Die Bepflanzung dieses Hochbeetes aus Betonstein, welches als Sitzplatz rund um einen beschattenden Strauch herum gebaut wurde, lässt sich dank der bequemen Sitzfläche aus Holz sehr leicht pflegen.

[2] Trockenmauer-Hochbeet Das freistehende, niedrige Kräuter-Hochbeet, als Trockenmauer aus Muschelkalk gestaltet, wurde zunächst mit Vlies ausgekleidet. Als geeignetes Substrat für die mediterrane Gewürzbepflanzung bietet sich ein wasserdurchlässiges Mineralgemisch (Kalkschotter) oder Dachsubstrat mit 20% Kompostanteil an.

[3] Moderner Vorgarten Die raffinierte Terrassierung des Hangs mit Hochbeeten aus Cortenstahl (COR-TEN-Stahl) passt sich im Stil dem modernen Baustil des Hauses an. Für die Bepflanzung sind viele robuste Zwerg- und Halbgehölze wie z. B. Federbuschsträucher (*Fothergilla major*) und duftender Lavendel zum Einsatz gekommen.

[3]

[1] Körpergröße beachten Unterschiedliche Körpermaße und Armlängen bedürfen angepasster Beethöhen und -tiefen, damit Sie lange Freude an Ihrem Hochbeet haben. Überlegen Sie genau, welche Person am meisten an dem Beet arbeiten wird und passen Sie die Größe des Beetes dahingehend an. Das im Bild gezeigte STIMA-Hochbeet aus waagerechten Schwellen kann man zum Beispiel in unterschiedlichen Formen und Höhen bestellen.

[2] Optimaler Beetrand Nicht nur die Beethöhe ist wichtig, auch der Beetrand kann nützliche Funktionen erfüllen. Denn wie hier bei der Ernte, arbeitet es sich sitzend, bei 50 bis 60 cm Beethöhe auf einem breiten, glatt gehobelten Beetrand, am leichtesten.

[3] Kleine Hilfestellung Ist das Beet zu niedrig geraten, kann man rückenschonend im Ausfallschritt stehen. Seitliches Stehen kompensiert ebenfalls den fehlenden Fußfreiraum bei senkrechten Beetwänden.

[1]

[2]

[3]

WELCHE GRÖSSE IST OPTIMAL?

FÜR DIE GRÖSSE DES HOCHBEETS gibt es an vorderster Stelle nur ein Maß: Ihre persönliche Körpergröße und Armlänge. Messen Sie dazu die Höhe der Oberkante Ihres Beckenkamms vom Boden aus und tragen Sie dabei die üblichen Gartenschuhe.
Das zweite wichtige Maß ist Ihre Armlänge. In der Regel können Sie bei geradem Rücken nur 60, maximal 70 cm weit greifen. Ein Hochbeet, das von beiden Seiten erreichbar ist, kann also nur 120 bis maximal 140 cm breit sein. Angelehnte Beete an Gebäuden oder an der Grenze zum Nachbarn sollten einschließlich Rand nicht tiefer als 75 cm sein.
Wer lieber auf dem Rand des Hochbeetes sitzend arbeitet, sollte ausprobieren, welche Höhe ihm zusagt. 50 cm sind das Mindeste und ein breiter, ebener Rand zum bequemen Sitzen die Voraussetzung für angenehmes Arbeiten. Das seitliche Verdrehen kann jedoch problematisch sein, wenn man länger an dem Beet arbeitet. Für pflegeleichte, niedrige Dauerkulturen, z. B. Erdbeeren oder hoch wachsende Pflanzen wie Tomaten, sind halbhohe Beete (50 bis 60 cm Höhe) jedoch sehr zu empfehlen.
Jetzt stellt sich noch die Frage, wie lang das Beet sein soll. Das hängt von der Bauweise ab, aber auch vom Bedarf an Anbaufläche. Bevor man jedoch lange Wege um ein langes Beet herum machen muss, sollte man besser mehrere kurze Beete aufstellen. Ein Verhältnis von Breite zu Länge von 1:2 bis 1:4 sieht zudem harmonischer aus.

ZUGANGSWEGE MITPLANEN
Als Letztes entscheidet die Zugänglichkeit über die Größe und den Platzbedarf des Hochbeetes. Ein Weg von 80 cm Breite rund um das Beet ist komfortabel und erlaubt den Einsatz einer Schubkarre. Hier kann man auch mit einer Sitz- oder Stehhilfe arbeiten und den Weg zwischen den Beeten gut pflegen. Die Wegbreite sollte sich aber auch an dem gewünschten Material orientieren. Gepflasterte Wege sind auch bei Nässe gut begehbar und bis unter den Rand des Hochbeetes verlegte Platten schützen das Holz vor dem Verfaulen. Wege aus Rasen werden nicht empfohlen, denn hinter bzw. zwischen den Hochbeeten ist es sehr schattig. An der Sonnenseite vor dem Hochbeet kann man Rasen säen, muss aber eine Mähkante vor dem Beet einplanen. Will man mehrere Beete gruppieren, sollte man sich vor dem Bau der Hochbeete einen maßstabsgerechten Plan mit den erforderlichen Wegen machen. So kann man auch gleich den Bedarf an Pflastersteinen, Platten oder Kies für den Wegebau berechnen. Berücksichtigen Sie bei der Wegeführung auch, wo sich Wassertonne oder Schlauch, Arbeitstisch und Küche befinden.

AUF EINEN BLICK

KÖRPERGRÖSSE	EMPFOHLENE BEETHÖHE
160 cm	85 – 90 cm
170 cm	90 – 95 cm
180 cm	95 – 100 cm
190 cm	100 – 105 cm

HOLZHOCHBEETE SELBST AUFBAUEN

EINMAL GEFÜLLT, STEHEN HOCHBEETE Jahre bis Jahrzehnte am gleichen Platz. Daher ist es wichtig, den Untergrund am Stellplatz gut vorzubereiten. Er sollte eben und fest sein, damit das Hochbeet nicht mit den Jahren einsinkt. Selbst verdichteter Boden kann mit der Zeit locker werden, zumal Feuchtigkeit und organische Stoffe aus der Hochbeeterde das Bodenleben darunter aktivieren. Auch fühlen sich Mäuse und Wühlmäuse unter dem Hochbeet wohl und können es mit ihren Höhlen und Gängen in eine gefährliche Schräglage bringen.

A & O DES FUNDAMENTS

Ein Fundament aus verdichtetem Schotter unter dem Rand des Hochbeetes ist daher unerlässlich, zumal so keine Feuchtigkeit in das Holz gelangen kann. Noch besser ist eine Reihe aus Steinen oder Platten, die auf das verdichtete Fundament gelegt werden. Achten Sie aber darauf, dass Steine und Platten genau mit dem äußeren Rand des Hochbeetes abschließen, damit Sie sich nicht die Zehen stoßen.

Gute Hochbeete aus Holz haben zusätzlich eine Unterkante aus Kunststoff, die nicht verrottet und jahrelang das Holz vor Bodenkontakt und aufsteigender Feuchtigkeit schützt.

In die Mitte des Fundamentes kann man ein Plastikrohr stellen und mit Erde füllen, das Dränagevlies, das die Dränageschicht vom Substrat trennt, wird hier dann aufgeschnitten. Regenwürmer und andere Bodenlebewesen können so im Frühjahr ins Hochbeet auf- und im Winter wieder in frostfreie Tiefen absteigen. Auch ein verzinkter Kaninchendraht am Boden lässt Regenwürmer durch, verhindert aber das Einwandern von unerwünschten Nagern.

Wer auf einen Bausatz zurückgreift, bekommt meist eine ausführliche Bauanleitung mitgeliefert. In der Regel kann man das Hochbeet dann in wenigen Stunden mit haushaltsüblichem Werkzeug aufbauen.

DIE RICHTIGE FOLIE

Nach dem Aufbau überprüft man nochmals die exakte senkrechte und waagerechte Ausrichtung mit der Wasserwaage. Im ungefüllten Zustand lässt sich das Beet noch leicht verrücken. Vor dem Befüllen wird bei Holzbeeten immer eine Folie an den Innenwänden angebracht. Hier sollte man am besten dehnbare lebensmittelechte Kautschuk- oder PE-Folien verwenden, die keine giftigen Zusätze abgeben, die ins Substrat diffundieren und über die Wurzeln in die Pflanzen gelangen. Beim Anheften der Folie muss man bedenken, dass im Innern des Beetes starke Temperaturschwankungen auftreten, die eine Folie durch Dehnung mitmachen muss, ohne von der Beetwand abzureißen, und der obere Folienrand sollte gut an der Innenwand anliegen, damit keine Substratteilchen dahinter gelangen können. Schnecken verstecken sich hier gerne und legen ihre Eier in den Spalten ab.

[1] Aufbaubeispiel Bei dieser hochwertigen Konstruktion aus Douglasie ist alles Stirnholz verdeckt, was die Haltbarkeit des Hochbeets enorm verlängert. Ein verzinkter Kaninchendraht auf dem geebneten Boden verhindert das Eindringen von Mäusen und Wühlmäusen in die Hochbeetfüllung. Der unterste Ring aus länglichen Steinplatten schützt die Holzschwellen vor eindringender Feuchtigkeit.

[2] Innenleben auskleiden Das fertig aufgebaute Beet wird mit einer besonders dehnbaren, umweltfreundlichen und lebensmittelechten Folie aus Kautschuk ausgekleidet, damit die Holzinnenseite vor Feuchtigkeit geschützt ist. Der obere Folienrand wird dazu mittels eines Gurtbandes und nichtrostender Krampen befestigt, sodass er nicht ausreißen kann.

[3] Sichere Konstruktion Ein wetterfester Randabschluss schützt den oberen Beetrand sowie die konisch verlaufenden Beetwände aus Douglasie gegen Feuchtigkeit, Verwitterung, Bakterien und Pilze und muss, wie die gesamte Konstruktion, weder lasiert noch gestrichen werden.

HOCHBEETE AUS STEIN

HOCHBEETE AUS STEIN UND BETON können auf verschiedene Weise selbst gebaut werden. Freistehende Hochbeete müssen dem Innendruck durch die Füllung standhalten, weshalb die Größe und das Gewicht der Steine an die Höhe angepasst sein müssen. Je schwerer die Konstruktion, desto tiefer und fester muss das Fundament gebaut werden. Vermörtelte Steine müssen auf einem frostfrei gegründeten Betonfundament platziert werden. Statische Berechnung und Mauern überlässt man also besser einem Fachmann. Eine Innenfolie ist hier immer empfehlenswert, damit die Mörtelfugen nicht ausblühen.

AUS BETONSTEIN

Einfacher für den Laien ist die Verwendung von Betonsteinen mit Nuten, die, ineinander gesteckt, stabile Wände ergeben. Aber auch hier muss man vor dem Kauf die Maximalhöhe und -länge der Steinreihen für hinterfüllte Mauern erfragen. Hohlkammersteine kann man auch mit mineralischen Schüttgütern (Schotter, Kies, Splitt oder Sand) füllen, um sie schwerer und damit stabiler gegen den Innendruck zu machen. Vor der Wahl für den Systemstein sollte man sich über die Gestaltung des Randes Gedanken machen. Ein ebener, oberer Abschluss ist schöner und praktischer als offene Steine. Die Beetwände sind hier allerdings recht dick, sodass viel Anbaufläche verloren geht.

SCHACHTRINGE SIND PREISWERT

Überall, wo ein kleiner Bagger hinfahren kann, sind Schachtringe eine gute Alternative. Man kann kleinere Ringe auch per Hand an den Standort rollen, wenn man sie senkrecht abladen lässt. Ringe bis 150 cm Durchmesser sind praktikabel, um die Beetmitte gerade so noch zu erreichen. Es gibt die Schachtringe bei Baustoffhändlern in vielen Höhen, die man im Nutsystem aufeinandersetzen kann. Da sie wasserundurchlässig sind, braucht man hier auch keine Folie.

AUF EINEN BLICK

STEINSYSTEM	VOR- UND NACHTEILE
Schachtringe	preiswert, schnell und einfach aufgebaut, dünne Wände, viele Durchmesser und Höhen, keine Folie; meist nur mit Maschinen zu transportieren, immer rund
Gabionen	niedrige Beete preiswert, einfach aufgebaut und gefüllt; hohe Beete mit dickem Rand, Befestigung der Folie schwierig, raue Außenwand
Mauersysteme (Hohlsteine)	einfacher Aufbau in variablen Formen, keine Folie; dicke Wände, oberer Abschluss problematisch
Klinker gemauert	sehr dekorativ, dünne Wände, Folie zu empfehlen; Fundament nötig, Aufbau nur vom Fachmann, sehr teuer
Naturstein	sehr dekorativ, niedrige Beete im Selbstbau möglich, keine Folie; hohe Beete nur mit Fundament und Mörtel, dicke und raue Wände

[1] Rund und gut Schachtringe können zu preiswerten, runden Hochbeeten aufeinander gestapelt werden. Es gibt sie in unterschiedlichen Höhen und Durchmessern bei jedem Baustoffhändler zu kaufen. In Gruppen zu dritt oder fünft und in unterschiedlicher Höhe, sehen die schlichten Betonelemente durchaus attraktiv aus. Sie können aber auch mit Fliesen- oder Steinmatten verziert werden (s. auch S. 10).

[2] Terrassierungen Mit Systemsteinen aus Beton lassen sich auch steile Hänge zu Treppenbeeten terrassieren. Mit diesen Böschungssteinen, die sich praktisch ineinanderhaken, lassen sich durch das geringe Eigengewicht selbst hohe Mauern bauen.

[3] Stylische Gabionen Mit Drahtgitterkörben kann man ganz unterschiedliche Hochbeete verwirklichen. Die Korngröße der Füllung richtet sich nach der Maschenweite des Drahtgitters, wobei runde Kiesel angenehmer sind als scharfkantiger Schotter.

[1] Frühbeetaufsatz Dieses Hochbeet wurde passend zum davor bereits gekauften Frühbeetaufsatz gebaut. Scheiben aus Polycarbonat (Kunststoff) sind leicht und können einfach aufgestellt und auch wieder abgenommen werden.

[2] Zubehörpakete Zu diesem formschönen Fertighochbeet gibt es den Frühbeetaufsatz als passgenaues Zubehör, der ebenfalls von einem zum nächsten Beet wandern kann.

[3] Frühbeet einmal rund Mit einer einfachen Konstruktion aus Stäben und Lochfolie kann man auch runde Hochbeete zu Frühbeeten umfunktionieren.

[1]

[2]

[3]

DAS PASSENDE BEET FINDEN

MUSSTE MAN SICH vor einigen Jahren das Hochbeet noch selbst bauen, gibt es inzwischen eine Vielzahl von mehr oder weniger durchdachten Hochbeeten zu kaufen. Viele locken mit günstigen Preisen, doch sollte man jedes Angebot genau unter die Lupe nehmen, um Schwachstellen vor dem Kauf zu erkennen.

HÖHE UND MATERIAL RICHTIG EINSCHÄTZEN

Die meisten preiswerten Hochbeete sind für viele Menschen nicht hoch genug (oft nur 40 bis 80 cm). Einige Zentimeter lassen sich ggf. durch eine Steinreihe unter den Beetwänden ergänzen, wodurch ein Holzbeet zudem trockener steht und langlebiger ist.
Die Wandstärke und das verwendete Holz entscheiden maßgeblich über die Langlebigkeit des Beetes. Dünne Bretter sind zwangsläufig preiswerter als dicke Bohlen, imprägniertes Kiefernholz billiger als Douglasie oder Lärche. Die Haltbarkeit eines Hochbeets aus Brettern hängt außerdem ganz wesentlich vom Pfostenmaterial ab. Nur verzinktes Eisen und Aluminium sind rostfrei und garantieren, dass die Stützkonstruktion lange hält.
Angebote aus Kunststoffen sind sehr leicht und schnell aufgebaut. Modern und durchaus gefällig sind Hochbeete aus verzinkten oder einbrennlackierten Blechen. Sie bestehen aus wenigen Wandteilen und sind schnell aufgebaut. Man braucht keine Folie und kann sie problemlos wieder auseinandernehmen und woanders aufbauen. Ihre dünnen Wände bieten eine optimale Anbaufläche, allerdings erwärmt sich der Boden im Sommer sehr schnell, weshalb man hier nur helle Farben nehmen sollte.

AUF PASSENDES ZUBEHÖR ACHTEN

Ein weiteres Kaufkriterium ist das Angebot an passendem Zubehör. Ein exakt auf das Beet abgestimmter Frühbeetaufsatz ist zwar teurer, aber auch praktischer und schöner als eine Eigenkonstruktion. Will man sich die Teile selbst konstruieren, sollte man vorher die üblichen Maße von Halterungen für Folientunnel, Netze und Vliese in Erfahrung bringen.
Und schließlich sollte man noch bedenken, dass ein Hochbeet selten allein bleibt! Das Gärtnern im Hochbeet ist so erfreulich, dass die meisten Hochbeetneulinge bald ein zweites oder gar drittes Beet bestellen oder bauen.

AUF EINEN BLICK

MATERIALIEN	VOR- UND NACHTEILE
Kunststoff	leicht, preiswert; billige Anmutung, bleicht aus, meist zu niedrig
Metall	dünnwandig, modernes Design, haltbar; Boden erwärmt sich stark
Bretter (Hartholz, Thermoholz)	dünnwandig, ggf. austauschbar, halten lange; etwas teurer als Weichholz
Bretter (WPC)	dünnwandig, ggf. austauschbar, halten sehr lange; etwas teurer als Weichholz
Holzschwellen (Weichholz)	ab ca. 4 cm Wanddicke stabil, nicht so lange haltbar; schwer
Holzschwellen (Hartholz)	ab ca. 4 cm Wanddicke sehr stabil, lange haltbar; schwerer und teurer

DER STANDORT

AN ERSTER STELLE stehen immer die Bedürfnisse der Pflanzen, die im Hochbeet kultiviert werden sollen. Die meisten Nutzpflanzen brauchen während der Hauptvegetationszeit von Mai bis August viel Sonne, mindestens acht Stunden am Tag. Morgensonne trocknet die Blätter schnell ab und hilft, genauso wie Wind, gegen Mehltau und andere Pilzkrankheiten. Fällt die Sonne erst gegen Mittag auf das Beet, sollte sie die Pflanzen bis zum Sonnenuntergang begleiten. Es gibt aber auch Kulturpflanzen, die mit Halbschatten auskommen, wie z.B. Erdbeeren, Beerensträucher, Feldsalat und Mangold. Fünf bis sechs Stunden Sonnenscheindauer reichen ihnen aus.

DER WEG IST DAS ZIEL

Sind die Bedürfnisse der Pflanzen berücksichtigt, denken wir an uns Gärtner und überlegen, wo das Hochbeet optimal platzsparend, zugänglich und optisch schön platziert wäre.
Zum Beispiel direkt an der Terrasse oder dem Grillplatz, oder lieber schnell aus der Küche und trockenen Fußes zu erreichen? Stehen Hochbeete in einem Nutzgarten doch weiter weg vom Haus, erleichtert ein ebener Weg von etwa 80 cm Breite den Zugang dorthin.

ARBEITSPLATZ, GERÄTE UND WASSER

Von Vorteil wäre auch eine kleine Gartenhütte in der Nähe der Hochbeete zu platzieren. Sie bietet Platz für die Kleingeräte, Düngemittel, Netze und Vliese. Ein Vordach mit einem Arbeitstisch darunter ist ebenfalls ein Komfort, den man sich leisten sollte. Ein Wasseranschluss, eine Regentonne oder Zisterne, die mit Dachwasser gespeist wird, in der Nähe erleichtert die Arbeit ungemein. Frostsichere, hohe Regentonnen, aus denen man das Wasser schöpfen kann, sind wesentlich praktischer als solche mit einem Auslauf, zu dem man sich herunterbücken muss. Ein Deckel auf der Tonne schützt vor Mücken.

KOMPOST

Für einen ordentlichen Kompostplatz braucht man, je nach Größe des Gartens und der Menge des anfallenden organischen Materials, mindestens zwei Kompostbehälter und zusätzlichen Lagerplatz. Wer seinen Kompost lieber ab Kompostwerk kauft, braucht zumindest einen Platz für die Biotonne und für einige Kompostsäcke oder Behälter.

Dachgarten mit Hochbeeten
Wenn es die Dachlasten zulassen, kann man auch auf der Garage gärtnern. So ist der Platz sinnvoll und schön genutzt. Anstelle des Geländers könnte man rundherum zusätzliche schmale Beetkästen als Fallschutz und Kulturfläche zugleich aufstellen. Hier würden die Garagenmauern deren Lasten abfangen.

OLIO
CARLI

WIE VIELE HOCHBEETE SOLLEN ES SEIN?

DIE MEISTEN HOCHBEETBESITZER sind von der Hochbeet-Anbaumethode so überzeugt, dass sie bald weitere bauen oder kaufen. Da kann es ärgerlich sein, wenn man den Platz dafür vorher nicht bedacht hat. Eine Gruppe von Hochbeeten hat viele Vorteile: Man kann unterschiedliche Anbaumethoden ausprobieren, wie zum Beispiel den Fruchtwechsel, für den man mindestens drei Beete vorsehen sollte (s. S. 96). Man kann bei mehreren Hochbeeten auch Dauerkulturen ziehen, unterschiedliche Mischkulturen ausprobieren und mit verschiedenen Substraten und Düngern experimentieren. Unterschiedliche Beethöhen erlauben zudem niedrige und hohe Pflanzen in rückenfreundlicher Höhe. Mit mehreren Beeten gleicher Größe kann man auch eine leichte Frühbeetabdeckung von Kultur zu Kultur wandern lassen und so gerade empfindliche Pflanzen vor Regen, Wind oder Sonne schützen.

EIN ABSCHÜSSIGER STANDORT

An Hängen, wie z. B. Terrassenhügeln, kann man die Hochbeete so aufstellen, dass sie von einer Seite im Sitzen und von der anderen im Stehen bearbeitet werden können. So können Sie immer ganz entspannt Ihre optimale Arbeitsposition wählen.

DEN BEDARF ERMITTELN

Selbst für ein Paar oder eine kleine Familie kann man mit mehreren Hochbeeten üblicher Größe nicht zu viel Gemüse produzieren, wenn man viele Arten und Sorten zeitlich geschickt sät und pflanzt. Ein Hochbeet von 200 cm Länge und 120 cm Breite reicht beispielsweise gerade für je eine Reihe Petersilie, Schnittlauch, Pimpinelle, Sauerampfer und Kerbel. Mit einem weiteren Hochbeet gleicher Größe kann man den wöchentlichen Salatbedarf decken. Ausdauernde, mediterrane Gewürze zum Beispiel möchten ebenfalls ein eigenes Beet. Blatt- und Wurzelgemüse kann man in Mischkultur in einem Beet ziehen, während die Tomaten gerne jedes Jahr am gleichen, vor Regen geschützten Platz stehen. Für Zucchini, Gurken und Paprika sollte man ein eigenes Beet mit passender Abdeckung reservieren.

SCHÖNE BEETGRUPPEN

Sind Sie überzeugt, gleich mehrere Hochbeete haben zu wollen, sollten Sie sich vor der Wahl der Beetformen Gedanken über die Gruppierung machen. Eckige Beetkästen in Reihen nebeneinander sind zwar praktisch, können aber auch wie ausgestellte Särge aussehen. Runde Beete sehen als Gruppe von drei bis fünf oder mehr immer schön aus, verschwenden aber viel Platz in den Zwischenräumen. Bei Hochbeeten an Mauern oder der Gartengrenze ist zu beachten, dass sie nur einseitig erreichbar sind.

[1]

[2]

[3]

[1] Hochbeet-Garten Ansprechend gruppiert, können mehrere Hochbeete einen schönen Nutzgarten bilden, der eine ganze Familie ernährt.

[2] Wegbreiten einplanen Bei der Gruppierung von Beeten sollte man an komfortable Wegbreiten denken. Für eine Schubkarre braucht man mindestens 80 cm, für eine Sackkarre reichen 60 cm Breite.

[3] Pfiffige Idee Moderne Gartengestaltung mit Hochbeeten für Nutz- und Zierpflanzen und als Sonnendeck. Im gleichen Stil können auch Spielelemente für Kinder, z. B. ein Sandkasten, ein „Piratenschiff" und Aufbewahrungskisten gebaut werden.

[1] Fußfreiheit Die konische Beetform gewährt Fußraum und ist optimal für einen geraden Stand.

[2] Rückenschonend Gebeugte Knie und angelehnte Oberschenkel verhindern einen krummen Rücken, wenn das Beet zu niedrig ist. Die Kraft für diese Haltung kommt aus der Oberschenkelmuskulatur.

[3] Stabile Haltung Der aufgestellte Fuß und etwas Bauchspannung garantieren einen geraden Rücken. Besonders stabil ist die Haltung, wenn man dabei den Unterarm auf den waagerechten Oberschenkel stützt.

[2]

[3]

[1]

RÜCKENFREUNDLICH GÄRTNERN

SITZEND ODER GERADE STEHEND fällt die meiste Gartenarbeit leichter, denn eine gebückte Haltung und das Knien beim Bearbeiten der Bodenbeete belasten den Rücken und die Gelenke sehr. Deshalb erfreut die angenehme Arbeitshöhe eines Hochbeetes Jung und Alt gleichermaßen.
An einem Hochbeet kann man gegebenenfalls auch auf einem Hocker sitzend arbeiten und muss dazu weder Rücken noch Beine beugen. So werden auch die Kniegelenke geschont. Es gibt also viele gute Gründe, alle Pflanzenkulturen, die viel Pflege und Aufmerksamkeit benötigen, in Hochbeeten anzubauen.

PLATZ FÜR DIE FÜSSE

Für den optimalen Stand am Hochbeet braucht man einen Fußraum, der bei den meisten Beeten aus konstruktiven Gründen nicht gegeben ist. Ein gutes Vorbild gibt dabei die moderne, ergonomische Küche ab, wo es stets einen zurückversetzten Sockel als Fußfreiraum gibt.
Lediglich Beete mit einer konischen Form sowie Tischbeete erfüllen optimale Voraussetzungen zum geraden Stehen mit gestreckten Beinen, sofern ihre Höhe genau auf den Nutzer abgestimmt ist.
Vorbildlich ist zum Beispiel die konische Form der Stima-Hochbeete. Die Konstruktion ist nicht nur ergonomisch sinnvoll, durch die Lamellenform der Beetwände wird zusätzlich verhindert, dass Schnecken den Rand der Beete erklimmen und Ihre kostbaren Gemüseschätze auffressen; natürlicher Schneckenschutz inklusive.

GERADE BEETWÄNDE

Sollte das zur Verfügung stehende Hochbeet zu niedrig sein oder gerade Wände haben, kann man dennoch rückenfreundlich stehen, indem man die Knie leicht beugt. Das hilft, den Rücken gerade zu halten, und kräftigt zudem die Beinmuskulatur. Alternativ kann man auch in eine seitliche Schrittstellung gehen und sich mit der Hüfte an die Hochbeetwand lehnen (s. auch S.26).
Für Menschen, die nicht lange stehen können, bietet sich eine Stehhilfe an, wie man sie auch zum Bügeln nutzt. Vor dem Kauf sollte man allerdings prüfen, ob sie sich in optimale Höhe verstellen lässt und wie der Fußteil konstruiert ist, damit er vor der geraden Beetwand nicht stört.

FÜR EIN GUTES KÖRPERGEFÜHL

Wechseln Sie beim Arbeiten im Garten so oft wie möglich die Körperhaltung und dehnen und strecken Sie sich zwischendurch immer mal wieder. Das Lockern der Schultern und anderer Gelenke ist ebenso wichtig wie die wohlverdiente Entspannung nach getaner Arbeit.

ÜBUNGEN FÜR HOCHBEETGÄRTNER

WER IM GARTEN ARBEITET, verlängert vermutlich sein Leben, denn Studien zeigen, dass regelmäßige Gartenarbeit genauso gesund ist wie Fitnesstraining, Sport oder Spazierengehen an der frischen Luft. Gartenarbeit regt das Immunsystem an, fördert Beweglichkeit und Gleichgewicht, stabilisiert den Kreislauf und stärkt die Muskeln.
Gartenarbeit ist aber noch mehr, nämlich ein geliebtes Hobby, das viele Menschen auf keinen Fall missen möchten. So nehmen sie manchmal sogar Rücken- und Gelenkschmerzen in Kauf. Das muss aber nicht sein, wenn man ein paar praktische Übungen, wie sie hier gezeigt werden, zu Körperhaltung und Arbeitsablauf, berücksichtigt.
Die Vorbereitung des eigenen Körpers kommt besonders im Frühjahr hinzu. Wer den ganzen Winter „auf der Couch" verbracht hat, muss sich über Schmerzen nach der ersten Gartenarbeit nicht wundern. So sollte man auch niemals frierend mit der Arbeit beginnen, sondern die Muskeln erst aufwärmen. Stark beanspruchte Muskelgruppen sollten immer wieder gelockert werden. Abwechslungsreiche Arbeit ist besser, als stundenlang die gleichen Bewegungsabläufe zu verrichten. Und das Aufhören und Entspannen zum richtigen Zeitpunkt will auch gelernt sein.

TRAINING UND GENUSS

Einen Garten zu pflegen, ist nicht nur körperliches Training und sinnlicher Genuss, sondern auch eine geistige Herausforderung, denn vieles will bedacht, geplant und organisiert werden, sodass einen der Garten sogar im Winter mental fordert und fit hält.

SINNVOLLE GARTENPLANUNG

Die wichtigsten Voraussetzungen für schmerzfreies Arbeiten sind ein ergonomisch gestalteter Garten, das richtige Werkzeug und ein trainierter Körper. Wer bereits bei der Gartenplanung alle Arbeitsabläufe bedenkt, kann sich viele unnötige und anstrengende Arbeiten ersparen. Ergonomisch geformte Werkzeuge sind ebenso wichtig, um den Körper nicht zu überfordern. Denn viele Schmerzen bei und nach getaner Gartenarbeit ließen sich vermeiden, wenn man nicht wahllos das nächstbeste und billigste Werkzeug verwenden würde.
So sollte die dicke des Gerätegriffes zur eigenen Handgröße passen. Man probiert das am besten mit einem Gartenhandschuh aus. Am Hochbeet kommt man mit wenigen Kleingeräten aus, die gut in der Hand liegen sollten, sodass man beim Arbeiten das Handgelenk nicht abknicken muss. Langstielige Geräte, die man dennoch für den Garten braucht, müssen zur Körpergröße passen.

[1&2] ÜBUNG ZUR KRÄFTIGUNG DER BEINE Stützen Sie sich mit beiden Händen an einer Mauer oder einem Hochbeet ab. Gehen Sie zwei bis drei Fußlängen zurück. Ziehen Sie dann ein Knie Richtung Mauer und strecken Sie es wieder nach hinten. Dabei sollten Sie den Fuß hochziehen, um eine bessere Spannung im Spielbein zu bekommen. Achten Sie darauf, dass die Hüfte des Standbeins nicht zur Seite kippt und das Knie leicht gebeugt ist. So erhalten Sie mehr Stabilität im Standbein.

[3&4] ÜBUNG ZUR KRÄFTIGUNG DER SCHULTERMUSKULATUR Einen Liegestütz an einer niedrigen Mauer kann man immer mal zwischendurch im Garten machen. Hier muss eine gute Bauch- bzw. Körperspannung gehalten werden, damit man nicht ins Hohlkreuz ausweicht. Anschließend die Schultern zur Lockerung kreisen lassen.

[1]

[2]

[3]

[4]

[1] Hingehockt Mit einem Hocker vor dem Beet sitzend, kann man nur die Randbepflanzung erreichen. Bei höheren Beeten kann man auch eine Stehhilfe (üblich zum Bügeln) benutzen.

[2] Hingesetzt Auf dem Beetrand sitzend, wird der Oberkörper seitlich verdreht, was nur kurzzeitig unschädlich ist. Da Erdbeeren sehr pflegeleicht sind, ist eine niedrige Beethöhe vertretbar.

[3] Proportioniert Rollstuhlfahrer sollten stets maßgeschneiderte, aufgebockte Kübel, Hochbeete, Tischbeete oder Pflanztische erhalten. Der Untergrund rund ums Beet muss fest, eben und gut befahrbar sein.

SITZEN AM HOCHBEET

NICHT ÜBERALL SIND HOCHBEETE in optimaler Stehhöhe von 90 bis 100 cm Höhe möglich oder optisch passend. Dort kann man niedrigere bauen, die sich zum Arbeiten im Sitzen eignen. Weniger als 50 cm Höhe sollten sie jedoch nicht haben, sonst fällt das Hinsetzen und wieder Aufstehen schwer. An niedrigen Hochbeeten können auch Kinder bequem im Stehen arbeiten. Oder man zieht hier Nutzpflanzen wie Tomaten, die hoch hinaus wachsen und im Stehen geerntet werden. Aber auch viele pflegeleichte Dauerkulturen, wie z. B. Erdbeeren, sind hier gut aufgehoben.

RICHTIG SITZEN

Eine gute Stabilität bekommt man, wenn man auf einem Hocker sitzend die Beine weit auseinander und die Füße fest auf den Boden stellt. Der Rücken sollte gerade gehalten werden, die Schultern bleiben stets unten.
Auf dem Rand sitzend, wird der Körper seitlich verdreht, was bei leichten und nicht zu lang andauernden Arbeiten kein Problem ist. Beim Heben schwerer Gegenstände sollte man diese Haltung jedoch immer vermeiden.

HOCH- UND TISCHBEETE FÜR ROLLIFAHRER

Rollstuhlfahrer sind mit Tischbeeten am besten bedient. Diese Konstruktionen sind unterfahrbar und man kann beidhändig arbeiten. Allerdings bleibt hier nicht viel Substrathöhe zum Anbauen anspruchsvoller Pflanzen. Streng genommen handelt es sich dabei um flache Kübel, da sie keinen Anschluss zum Boden haben.

Große Tischbeete sind anspruchsvoll in der Konstruktion und daher recht teuer in der Anschaffung. Sie müssen zudem in Höhe und Tiefe genau auf den betreffenden Rolli-Fahrer abgestimmt sein. Das abfließende Wasser muss so abgefangen werden, dass es nicht auf die Beine tropft und der Standort sollte mit dem Rollstuhl gut erreichbar sein. Zudem müssen alle Geräte, Wasser und Erden in Reichweite aufbewahrt werden. So ist es oft einfacher, selbst eine Konstruktion aus Böcken und flachen Kästen, Kübeln, Wannen oder Blumenkästen zusammenzufügen, die genau an den betreffenden Rollstuhlfahrer angepasst werden kann.
Im Handel findet man aber auch interessante Konstruktionen wie Blumenampeln mit Seilzügen oder auf Ständern, rollende Kräuterregale, mobile Tischbeete und andere Konstruktionen, die sich für sitzende Hobbygärtner eignen. Tischbeete aus dem Erwerbsgartenbau (s. auch S. 87) sind besonders stabil und unbegrenzt haltbar. Es gibt auch Modelle mit Rollen, die man einfach an den passenden Platz schieben kann.

ANFORDERUNGEN PRÜFEN

Prüfen Sie erst alle Maße und Anforderungen des Gärtners, aber auch der Kulturpflanzen, bevor Sie ein technisch anspruchsvolles Tischbeet bauen oder kaufen, aufstellen und mit Substrat füllen.

HOCHBEETE IN SCHULGÄRTEN

SCHULGÄRTEN ERFREUEN SICH zunehmender Beliebtheit. Das sinnliche Erleben beim Wühlen in der Erde, Säen, Pflanzen, Pflegen und Ernten ist durch keinen noch so guten Unterricht an der Tafel zu ersetzen. Hier spürt man das Wetter, den Verlauf der Jahreszeiten, sieht die Pflanzen wachsen, kann Tiere beobachten und lernt die Zusammenhänge der Natur kennen. Wenn dann die Früchte der Arbeit auch noch auf dem eigenen Teller liegen, werden die Kinder nicht nur durch intensive Geschmackserlebnisse belohnt. Sie erleben auch, dass sie etwas Eigenes geschaffen haben und dass sich persönlicher Einsatz und Arbeiten im Garten lohnt.

DER VORTEIL

Besonders dort, wo es keinen abgeschlossenen Schulgarten sondern nur eine (meist versiegelte) Spielfläche gibt, kann man robuste Hochbeete aufstellen. Mit mehreren Beeten kann man einen Schulhof auch in verschiedene Bereiche gliedern und einen abgegenzten Hochbeet-Garten schaffen.
Ordnet man die Hochbeete einzelnen Schulklassen oder Gruppen zu, fühlen sich die Kinder stark für ihr Hochbeet verantwortlich. Zudem benötigt man nur kleine, ungefährliche Handgeräte und es gibt beim Gießen keine nassen Füße oder dreckige Schuhe.
Wer den Aufwand gebauter Hochbeete scheut, kann einen preiswerten Schulgarten mit mobilen Hochbeeten in Bäckerkisten, Kübeln oder Säcken nach dem Vorbild des „Urban Gardening“ anlegen (s. auch S. 40/41).

GIESSEN IN DEN SOMMERFERIEN

Das fehlende Gießen in den Sommerferien hält viele Schulen von einem Schulgarten ab. Doch hier gibt es viele Modelle von Ferienprogrammen für Kinder, hilfsbereiten Nachbarn über gemeinsames Gärtnern mit Seniorenheimen (SeniorenSchulgarten) oder interkulturelle Gärten.

FÄCHERÜBERGREIFENDES GÄRTNERN

Das Arbeiten mit und am Hochbeet muss keinesfalls dem Biologie-Unterricht oder einer Garten-AG vorbehalten bleiben. Bereits beim Bau und der Gestaltung der Hochbeete können Mathematik-, Kunst- und Werk-Unterricht einbezogen werden. Bei größeren Schülern kann Gesundheit, Arbeitslehre und Vorbereitung auf das Berufsleben ein Thema sein. Auch Schutzvorrichtungen wie Frühbeetkästen, Folientunnel und anderes Zubehör können gemeinsam geplant und gebaut werden. Und nicht zuletzt kann der Schulgarten das Miteinander von Schülern, Eltern und Lehrern fördern, wenn man den Garten und seine Erzeugnisse zum Mittelpunkt eines Festes macht.

[1] Kinderfreundlich Schachtringe eignen sich besonders gut für Schulgärten, da sie sich überall leicht aufstellen lassen. Die Rundungen sind kinderfreundlich und das Material lässt sich anmalen, bekleben und anderweitig gestalten.

[2] Künstlerisch Auch der Kunstunterricht kann im Schulgarten stattfinden und dort Schönes und Dauerhaftes hervorbringen. So identifiziert sich jede Gruppe noch stärker mit ihrem Beet und dessen Inhalt.

[3] Praktisch Mobile Arbeitstische und Tischbeete sind im Schulgarten und Unterricht vielseitig verwendbar. Mit einfachen Böcken als Tischbeine können sie überall dort aufgestellt werden, wo sie gerade gebraucht werden.

ZUBEHÖR & FÜLLUNG

Praktisch und pflegeleicht

[1] Spielerisch Neben witziger Dekoration sind in diesem Kleingarten viele praktische Früh-, Hoch- und Tischbeete mit Geräteschrank, Kompost und Arbeitsplatz vereint.

[2] Frostschutz Gemüsevlies schützt die Pflänzchen im Sommer vor starker Sonneneinstrahlung und im Frühjahr vor Nachtfrost.

[3] Regensicher Ein kleiner Arbeitsplatz, kombiniert mit Aufbewahrungsmöglichkeiten für Geräte sollte in keinem Garten fehlen.

[4] Windfang Am praktischsten sind Frühbeetaufsätze, deren Scheiben man mit einem Handgriff in verschiedenen Positionen zum Lüften aufstellen und zum Gießen einzeln entnehmen kann. So wird der Aufsatz im Sommer zur lichtdurchlässigen Umrandung für windempfindliche Kulturen.

ABDECKUNGEN, AUFSÄTZE & VLIESE

BEREITS BEI DER KONSTRUKTION eines selbst gebauten, beziehungsweise der Wahl eines gekauften, Hochbeets sollte man sich überlegen, welches Zubehör für den Beetkasten gebraucht wird. So ist es sinnvoll, sich vorher über die gebräuchlichen Maße von Abdeckungen, Aufsätzen, Vliesen und Folien zu informieren, damit die Maße von Hochbeet und Zubehör zusammenpassen. Sonderanfertigungen machen immer mehr Arbeit und sind teurer als Teile mit üblichen Maßen.

VOM HOCHBEET ZUM FRÜHBEET

Für einen frühen Anbau, oder auch in kühlen Lagen, lohnt sich ein passender Aufsatz aus Glas oder Acryl, der das Hochbeet zum Frühbeet macht. Man kann verschiedene, recht preiswerte und leichte Modelle aus Acrylglas fertig kaufen. Manche lassen sich auch in Reihe aneinanderkoppeln. Im Winter schützt der Aufsatz den Feldsalat vor dem Zuschneien und im Frühjahr und das ganze Jahr zum Beispiel Minitomaten vor zu viel Regen.

Sehr praktisch sind mehrere Hochbeete gleicher Maße, auf denen der Frühbeetaufsatz nach Bedarf „wandern“ kann. Bei gleicher Beethöhe kann man die leichten, aber etwas flexiblen Konstruktionen sogar alleine über den Zwischenweg hinweg auf das benachbarte Beet schieben, ohne den Kasten dazu anheben zu müssen.

ABDECKUNGEN MIT FOLIEN UND VLIESEN

Auch wer seine Kulturen lieber mit Folientunnel und Vlies schützt, sollte sich die gängigen Maße der Bahnen und Halterungen anschauen. Statt in die Erde gesteckter Rundbögen zum Überziehen der Folie kann man bei selbst gebauten Hochbeeten von vornherein höhere Eckpfosten einplanen, an denen man die Folien- bzw. Vliesbahnen sicher befestigen kann. Dazu sollte man vorher bedenken, wie hoch die geplanten Pflanzenkulturen wachsen, damit sie nicht an Folie oder Vlies stoßen. Hohe Eckpfosten können bei einem niedrigen Hochbeet ein Schutzdach für Tomatenpflanzen tragen. Man kann hier im Sommer eine Vogelscheuche befestigen oder den Gartenschlauch aufhängen. Zwischen zwei Beeten mit hohen Pfosten lassen sich auch Rankgitter anbringen oder Drähte für fruchttragende Kletterpflanzen spannen.

AUF EINEN BLICK

ZUBEHÖR	PRAKTISCHER NUTZEN
Eck- und Mittelpfosten	für einen Flaschenzug als Hebehilfe beim Befüllen des Beets, für ein Schutzdach, Kletterhilfe, als Vogelscheuche, zum Befestigen bzw. als Abstandhalter von Folien und Vliesen
Randabdeckung	zum Festhalten der Innenfolie, zum Sitzen, Abstützen, Ablegen von Geräten und Abstellen von Gefäßen, auskragend auch Schneckenschutz
Haken unter dem Rand	für Wasserschlauch und Handgeräte, zum Befestigen von Abdeckungen, Folien und Vliesen sowie Dekorationen
Frühbeetkasten, Scheibe, Folie und Vlies	zum Schutz vor Frost, Schnee, zu viel Nässe und Wind, Falllaub, Vögeln und Insekten

SINNVOLLES WERKZEUG

HANDGERÄTE Für das Arbeiten an gefüllten Hochbeeten braucht man keine langstieligen Geräte. Lediglich einige Handwerkzeuge mit kurzen Stielen und ergonomischen Griffen sollte man sich anschaffen. Probieren Sie vor dem Kauf immer aus, ob das Gerät mit oder ohne Handschuhe gut in der Hand liegt. Viele Handgeräte erlauben unterschiedliche Arbeitsgänge. So kann man z. B. mit einem Unkrautstecher auch Pflanzlöcher graben, Saatrillen ziehen und die Erde lockern. Bevor man sich eine ganze Sammlung anschafft, lohnt es sich, eine Saison mit wenigen verbleibenden hochwertigen Geräten zu arbeiten, bis man merkt, welche Geräte am besten in der Hand liegen. Die verbleibenden Handgeräte für die Hochbeetpflege passen zusammen in einen Eimer, den man vom Ort des Verstauens mit ans Hochbeet nehmen kann.

HANDSCHAUFEL
mit ergonomischem Griff, der ein Abknicken des Handgelenks verhindert.

GIESSKANNEN
mit halbrunden Griffen sind besonders ergonomisch und schonen Schulter- wie Handgelenke.

HANDFORKE
zum Lockern der Erde kann in beide Richtungen verwendet werden.

UNKRAUTSTECHER
zum Lockern der Erde ebenso geeignet wie zum Ziehen von Saatrillen oder Stechen von Pflanzlöchern.

WEITERE PRAKTISCHE HILFSMITTEL Wer mehrere Hochbeete bewirtschaftet, sollte über einen Kompostbehälter für Erntereste und rückenschonende Transporthilfen verfügen. Je nach anfallender Menge und Kondition des Gärtners ist ein Eimer, eine rollende Wanne, eine Sack- oder Schubkarre geeignet. Man sollte bei der Wahl auch immer das möglichst einfache und rückenschonende Entleeren des Gefäßes bedenken. So ist es sinnvoller, Schüttgüter wie Sand, Erde und Kompost in Eimer zu füllen, die man übereinander auf einer Sackkarre stellt und zum Beet transportiert. Dort kann man die zu etwa ⅔ gefüllten Eimer einfach auskippen und braucht weder Schubkarre noch Schaufel dazu verwenden.

SACKKARRE
zum Transportieren schwerer Lasten in Haus und Garten unentbehrlich und zusammen mit Eimern oder Kübeln vielseitiger als eine Schubkarre.

TRANSPORTKARRE
als leichtes Modell aus Kunststoff. Lässt sich auf Rollen ziehen und einfach entleeren.

WENN DER PLATZ NICHT REICHT

BRAUCHEN SIE MEHR PLATZ, als Ihre Hochbeete bieten, können Sie viele einjährige Kulturpflanzen auch in Säcken, Töpfen, Eimern, Kübeln und Kisten kultivieren. Hier ist der Gießaufwand allerdings höher als in Hochbeeten, sodass unbedingt Wasser in der Nähe sein sollte. Je kleiner der Topf, desto öfter muss man gießen, im Sommer bis zu zweimal täglich.

SUBSTRATE FÜR PFLANZTÖPFE

Töpfe und kleine Kübel eignen sich für Kulturpflanzen, die nur wenig Wurzelraum brauchen. Größere Eimer und Kübel nehmen auch Kartoffel- und Tomatenpflanzen auf. Mit einem Trick kann man sie zur Bildung von mehr Wurzeln anregen: Dazu wird der Kübel anfangs nur zur Hälfte mit Substrat gefüllt und dann nach und nach Erde aufgeschüttet. So bilden die Pflanzen weitere Wurzeln an den Triebabschnitten in der Erde und sind später besser mit Wasser und Nährstoffen versorgt.
Im begrenzten Raum eines Kübels muss man eine gute, Wasser speichernde Kulturerde verwenden. Außerdem muss man die Pflanzen im Sommer düngen, da sich der Mineralstoffvorrat des Substrats schnell erschöpft. Ein Vlies über dem Abzugsloch des Kübels verhindert, dass Substratteilchen beim Gießen herausgespült werden. Auf eine Dränage aus Scherben oder Kies kann man bei den meisten durstigen Nutzpflanzen verzichten.

WELCHER KÜBEL SOLL ES SEIN?

Für einjährige Kulturpflanzen eignen sich alle Materialien. Je leichter ein Kübel ist, desto einfacher lässt er sich transportieren. Je dunkler der Kübel ist, desto heißer wird die Erde bei Sonneneinstrahlung. Helle Farben und verzinkte Eimer reflektieren die Sonne und werden nicht so warm. Unglasierte Tongefäße werden durch die Verdunstung gekühlt, trocknen aber auch schnell die Erde darin aus. Kunststoff ist leicht und konische Formen lassen sich ineinanderstapeln. Auch Laubsäcke und Big-Packs aus Kunststoffgewebe sind sehr praktisch, denn man kann sie im Winter zusammengefaltet aufbewahren. Allerdings muss man einen Platz zum Aufbewahren des Substrats haben, wenn man es nicht im Kompost entsorgen und jedes Jahr neu kaufen möchte.
Noch praktischer als Kübel sind mobile Gefäße mit eigenen Rollen oder auf Rolluntersetzer, die nach Bedarf an den richtigen Platz gerückt werden können. So lassen sich die Tomaten vor Regen schützen und die Kräuter neben den Esstisch rollen.

STADTMETHODE

Bäckerkisten sind durch das „Urban-Gardening" berühmt geworden (s. auch S. 53). Sie lassen sich in passender Höhe aufeinander stapeln und zum Füllen mit Pappe auskleiden. Auch hier gibt es passende Rollbretter.

[1] Zinkwannen Die frostfesten, hübschen und praktischen Pflanzgefäße eignen sich für Zier- und Nutzpflanzen, wenn man in den Boden einige Abzugslöcher bohrt. Im Winter kann man sie einfach mitsamt Erde draußen stehen lassen.

[2] Pflanztaschen Laubsäcke, Big-Packs, Reis- und Kaffeesäcke eignen sich gut zum Bepflanzen mit Kartoffeln und Tomaten. Man kann ihre Höhe durch Umkrempeln einfach an die Substrat- und Pflanzenhöhe anpassen.

[3] Kunststoffkübel Große Kübel aus Kunststoff können im Winter draußen stehen bleiben und sehen dort attraktiv aus. Sie sollten wie ein Hochbeet dauerhaft mit Dränage und Substrat gefüllt werden.

[4] Stima-Pflanzturm Die Töpfe werden platzsparend auf einem Gestell aus wetterfestem Thermoholz platziert und können so zum Beispiel einen schmalen Balkon schmücken. Optional gibt es dazu eine rollbare Bodenplatte.

[1] Unverwüstlich Beton- und Steinhochbeete brauchen keinen Nässeschutz, weder am Boden noch im Innern. Eine Ausnahme sind gemauerte Klinkerbeete, deren Fugen vor Ausblühungen geschützt werden müssen.

[2] Mitdenken Hochbeete aus Holz sollten immer auf eine ebene Plattenreihe oder Betonkante gestellt werden, damit die Bretter oder Schwellen keinen Erdkontakt haben.

[3] Schützenswert Die Beetwände des Holzhochbeetes müssen bis zum Boden mit einer stabilen und reißfesten, wasserundurchlässigen und schadstofffreien Folie aus PE, PU oder Kautschuk vor dem Kontakt mit Nässe geschützt werden. Beachten Sie beim Befüllen des Hochbeetes mit Dränagematerial, dass die Folie nicht beschädigt wird

[1]

[2]

[3]

LANG LEBE DAS HOCHBEET

HOLZ DARF NIEMALS mit feuchter Erde in Kontakt kommen. Ein Hochbeet sollte deshalb immer so aufgestellt werden, dass der untere Rand nach Regen wieder abtrocknen kann. Gute Hersteller bieten die Beete mit einem untersten Rahmenprofil aus Kunststoff an. Ist dies nicht der Fall, stellt man den Beetkasten auf eine Reihe Platten oder Steine. Auf diese Weise kann man auch zu niedrige Beete in der Höhe anpassen. Die unterste Steinreihe wird auf gut verdichteten Boden in ein Schotter- oder Splittbett verlegt. Noch besser sind große Platten, die außen bündig mit dem Beetrand abschließen. Sie sinken nicht ein, wenn Mäuse unter dem Beet graben und den Boden auflockern.

IM INNERN SCHÜTZEN

Hochbeete aus Holz brauchen immer eine Folie im Innern, damit die Beetwände vor Nässe geschützt sind. Dafür eignen sich Kautschuk-, PE- und PU-Folien, die man für den Teichbau erwerben kann. Die Folie wird am besten über den Rand geschlagen und mit einem Abdeckbrett befestigt. Man kann sie aber auch am inneren Rand mit einem Gewebeband und großen, rostfreien Klammern festtackern oder mit Dachpappe-Nägeln befestigen. Das Gewebeband ist hier zwingend erforderlich, da die Folie alleine ausreißen kann und weil der Spalt zwischen Folie und Beetwand dicht geschlossen sein muss, damit kein Substrat, Wasser oder Schnecken dazwischen geraten.

MÄUSEN DEN ZUTRITT VERWEHREN

Unter und in Hochbeeten fühlen sich besonders Mäuse und Wühlmäuse wohl, denn hier sind sie vor Feinden gut geschützt. Damit sie nicht ins Innere der Beetfüllung gelangen können, legt man einen starken Kaninchendraht auf den Boden, bevor man das Beet aufstellt. So können Regenwürmer in die Beetfüllung ein- und im Winter wieder in die frostfreien Bodenschichten auswandern. Den Mäusen und Wühlmäusen ist jedoch der Zutritt ins Beetinnere verwehrt.
Bei einer Dränagefüllung mit mineralischem Schüttgut wie Schotter oder Kies, braucht man keinen Kaninchendraht. Diese Schicht können die Tiere nicht durchdringen, allerdings auch keine Regenwürmer.

Wasserdichte Folie

Es gibt das Gerücht, dass Hochbeetwände „atmen“ müssen, also nicht mit Folie ausgekleidet werden sollten. Ohne diese wasserdichte Folie fault das Holz der Beetwände allerdings schnell weg und die Wasserverluste im Substrat sind viel zu hoch. Wasserdurchlässige Gewebe, ob Vlies oder Bändchengewebe, sind deshalb ebenfalls als Beetauskleidung nicht geeignet.

DIE DRÄNAGE

EIN ÜBLICHER FEHLER IST, das Hochbeet von unten, also 80 bis 100 cm hoch, mit organischem Material oder Erde zu füllen. Solche Substratdicken braucht man nicht, denn auch bei den meisten Bodenbeeten gibt es nur eine 30 bis 40 cm dicke Schicht mit Mutterboden. Mehr benötigen die meisten Kräuter, Salate und Gemüse nicht. Außerdem sackt eine lockere Erdmischung schnell zusammen, wenn sie zu hoch aufgeschichtet wird. Schwere, lehmige Böden neigen dagegen zum Verdichten und lassen kein Wasser mehr durch.

DIE HÖHE DER DRÄNAGESCHICHT

Auch wenn das Hochbeet von unten nach oben gefüllt wird, denkt man bei der Höhe der Füllungen von oben nach unten: Wie dick soll das Kultursubstrat sein? Wie hoch ist das Beet und wie viele Zentimeter bleiben dann für die Dränageschicht?
Erst wenn das ermittelt ist, füllt man die vorgesehene Schicht mit dem Dränagegut ein.
Alles, was relativ wasserundurchlässig ist und nicht sackt und verrottet, ist geeignet. Vielleicht gibt es noch einen Haufen Bauschutt, alte Terrassenplatten oder sonstiges mineralisches Material, das sich eignet. Sehr grober Schutt wird mit feinerem Schüttgut wie Kies oder Sand aufgefüllt und verdichtet. Schotter, Kies und Splitt, aber auch Bausand, eignen sich als Dränagematerial. Über die Dränageschicht legt man ein Dränagevlies (120 g/m^2), das verhindert, dass Substratteilchen in die Zwischenräume der Dränageschicht geraten.

ORGANISCHE DRÄNAGESCHICHTEN

Wie bereits erwähnt, sackt alles, was verrottet, schnell zusammen. Äste, Zweige, Hackschnitzel und Rindenmulch eignen sich daher nicht als Dränageschicht. Eine Schicht aus dicken Holzstubben aus schwer verrottenden Hölzern wie Eiche, Buche, Lärche oder Robinie, mit Sand oder feinem Splitt in den Zwischenräumen hat sich jedoch jahrelang in den Hochbeeten des Verfassers bewährt. Das Holz verrottet zwar mit den Jahren, allerdings sehr langsam. Die Sackung von 3 bis 5 cm im Jahr kann man mit einer dünnen Kompost- oder Mulchschicht während der Vegetationsperiode mühelos ausgleichen.

AUF EINEN BLICK

MATERIAL	VERWENDUNG
Platten, Pflastersteine	Man schichtet sie so, dass Lücken zum Abfließen von Wasser verbleiben. In die Hohlräume schüttet man lagenweise Sand, Splitt oder Kies
Bauschutt, Lesesteine	Bevor man sie ins Beet schüttet, schützt man die Folie im Innern, z. B. mit einer Steinreihe oder einer PU-Schaummatte (nur in Höhe der Dränageschicht)
Schotter, Lavabims, Kies	Grober, spitzer Schotter und Lavabims muss ebenfalls vorsichtig eingefüllt werden. Abgerundete Kiesel beschädigen dagegen die Folie nicht.
Splitt, Sand	Feiner Splitt und Sand kann einfach mit Schaufel oder Eimer eingefüllt werden. Es eignet sich ungewaschener oder gewaschener Sand

[1] Hartholzdränage Möglichst gleich lange Stamm- und Astabschnitte von Harthölzern wie Buche und Eiche werden dicht nebeneinander ins Hochbeet auf den Kaninchendraht am Boden gestellt.

[2] Zwischenräume füllen Anschließend wird Sand (oder feiner Splitt) eingefüllt und immer wieder mit Wasser eingeschlämmt, bis alle Hohlräume zwischen den Stammstücken gefüllt sind.

[3] Fertige Füllung Erst wenn das Holz mit Sand bedeckt und die Dränageschicht die gewünschte Höhe erreicht hat, füllt man mit dem Kultursubstrat auf.

[4] Mineralisch Körniges Dachsubstrat wie Lavabims ist ein leichtes, mineralisches Dränagematerial, das man einfach mit Eimern einfüllen kann. Achtung! Die scharfkantigen Körner können dünne Folien durchstoßen.

[1] Lehmiger Sand Ein preiswerter Bestandteil selbst gemischter Substrate ist lehmiger Sand. Die Körnchen geben dem Boden Struktur und sorgen für Porenvolumen, der Tonanteil bindet Wasser.

[2] Kompost & Bentonit Auf den schweren Sand im Beet gibt man etwa die gleiche Menge leichten Kompost und mischt die beiden Bestandteile gut durch. Zusätzlich etwa 50 g Bentonit pro m² sorgen für noch bessere Bindigkeit.

[3] Fertige Befüllung Bereit zum Bepflanzen ist das frisch gefüllte Hochbeet. Vor herangewehten Unkrautsamen schützt eine Mulchdecke oder ein Gemüsevlies.

SUBSTRATE FÜR HOCHBEETE

SELBST GEMISCHT beziehungsweise umgefüllt und angereichert, spricht der Gärtner statt von Erden von Substraten. Sie unterscheiden sich von Erden darin, dass sie je nach Verwendungszweck und Bepflanzung in Korngröße, organischen Bestandteilen, Mineraliengehalt und Zusammensetzung aller Bestandteile auf die anstehende Bepflanzung abgestimmt werden.

SELBST GEMACHTE ERDE

Aus unterschiedlichen Anteilen von lehmigem Sand und zertifiziertem Kompost (aus dem Kompostwerk) kann man Erden für Stark-, Mittel- und Schwachzehrer herstellen. Die Bindigkeit und damit Wasserhaltefähigkeit des Bodens kann man einfach mit etwas beigemischtem Bentonit, einem natürlichen Tongranulat, erhöhen. Bei Verwendung von gewaschenem Sand kann man auf Bentonit nicht verzichten.
Zum Mischen der Bestandteile schüttet man das Material in Lagen übereinander, wobei immer der schwerere Sand über den leichten Kompost gegeben wird. Mit einem Eimer kann man die gewünschten Anteile leicht abzählen. Vor dem Mischen mit einer Schaufel oder einer Harke streut man noch den gewünschten Anteil von 30 bis 50 g Bentonit pro m² dazu. So kann das Beet lagenweise gefüllt werden. Wer einen Betonmischer zur Verfügung hat oder ausleiht, kann sich das Mischen von Sand und Kompost und das anschließende Einfüllen ins Hochbeet sehr erleichtern.

FERTIGSUBSTRATE

Wer nicht selbst mischen möchte, kann auch Pflanzerden aus Säcken, die man in jedem Bau- oder Gartenmarkt kaufen kann, verwenden. Spezielle Anzuchterden eignen sich am besten als oberste Schicht im Hochbeet, zum Beispiel zum Aussäen von Kräutern und Salaten. Achten Sie beim Kauf der Umwelt zuliebe immer auf torffreie Erden und genügend mineralische Anteile wie Sand. Auch der eigene Boden kann sehr gut sein, wie seine Bodenkulturen bisher bewiesen haben. Doch beachten Sie bitte, dass in der Erde viele Unkrautsamen lauern, die beim ersten Licht zu keimen beginnen. Außerdem gibt es Schneckeneier, die man eventuell mit der Erde ins Hochbeet verfrachtet, und die Zersetzung organischer Bestandteile im Hochbeet läuft anders ab, da hier Regenwürmer und andere nützliche Tiere fehlen. So wird auch die Bodenfruchtbarkeit im Hochbeet anders sein als im „gewachsenen" Oberboden.

MIKROORGANISMEN ANSIEDELN

Manche selbst gemischte Substrate aus Sand und „sterilem" Kompost enthalten kaum Bodenorganismen. Zwar stellt sich bald eine gesunde Mischung von Mikroorganismen von selbst ein, doch kann man die Besiedlung beschleunigen und lenken, wenn man entsprechende Präparate dazugibt.

BODENVERBESSERUNG OHNE TORF

DER TORFVERBRAUCH ZUR BEIMENGUNG von Substraten muss unbedingt eingedämmt werden, damit nicht alle noch verbliebenen Moore unwiederbringlich zerstört werden. Schon lange wird an Ersatzstoffen geforscht, die Torf in Erden und Substraten ersetzen können. Sie haben teilweise bessere Eigenschaften als Torf, der sich bekanntlich, einmal trocken geworden, kaum wieder benetzen lässt.

KOKOS UND HOLZ

Kokosmaterial kann Torf vollständig ersetzen und hat zusätzlich den Vorteil, nach dem Austrocknen sofort wieder Wasser aufzunehmen. Im Sinne der Umweltdiskussion ist allerdings zu berücksichtigen, dass Kokos über weite Strecken transportiert werden muss. Holz als Häcksel oder Fasern und Rinde ist ebenfalls Torfersatzstoff und sorgt für ein lockeres Substrat, das, zum Beispiel an der Oberfläche angewandt, schneller abtrocknet und damit Pilzinfektionen vorbeugt. Andererseits werden diese Materialien jedoch als Brennstoffe genutzt und stehen nicht ausreichend zur Verfügung. Zur Herstellung von Holzfasern wird Energie benötigt und Rinde muss kompostiert werden, damit Rindenhumus entsteht. Rinde hat zudem einen sehr hohen Kali- und Mangangehalt, neuerdings wird auch der Cadmium-Gehalt von Rindenprodukten diskutiert, nachdem Kultursubstrate der neuen Düngemittelverordnung unterliegen. Vorteilhaft ist der Einsatz von gütegesichertem Kompost, was zum Beispiel durch das RAL-Zeichen belegt wird. Ein weiterer Torfersatzstoff wären Getreidespelzen (Schäben).

MINERALISCHE STOFFE STABILISIEREN DIE SUBSTRATE

Alle mineralischen Stoffe, die Substraten zugesetzt werden, sollen bestimmte Eigenschaften verbessern. Sie stellen das „Gerüst“ der Substrate dar, sodass sie nicht zusammensacken, wenn die organischen Stoffe nach und nach abgebaut werden. An den mineralischen Stoffen haftet das Wasser besser und zwischen den Teilchen ist Platz für Luft. Neben Sand und Ton sind die wichtigsten Zuschlagstoffe Blähton oder -schiefer, Lava, Bims, Perlite und Vermiculite (Bentonit). Vor allem Kübelpflanzensubstraten werden diese Mineralstoffe zugegeben, damit die Strukturstabilität über einen langen Zeitraum erhalten bleibt.
Ein weiterer, sehr nützlicher Substratbestandteil ist gemahlene Holzkohle, die sowohl wasserspeichernd als auch strukturverbessernd wirkt. Auf ihrer großen Oberfläche siedeln sich zudem viele nützliche Mikroorganismen an, die positiven Einfluss auf die Bodenfruchtbarkeit haben. Wer sie nicht selbst herstellen möchte, greift auf Fertigmischungen der „Terrapreta“, wie die dunkle Erde genannt wird, zurück. Gesteinsmehle und Holzkohle sind Bodenverbesserungsmittel oder Zuschlagstoffe. Da sie aber auch das Bodenleben fördern, erhöht sich dadurch die Abbauaktivität der Mikroorganismen, die mehr organisches Material abbauen. Dies ernährt dann die Pflanzen besser, sodass eine indirekte düngende Wirkung entsteht (s. auch S. 56).

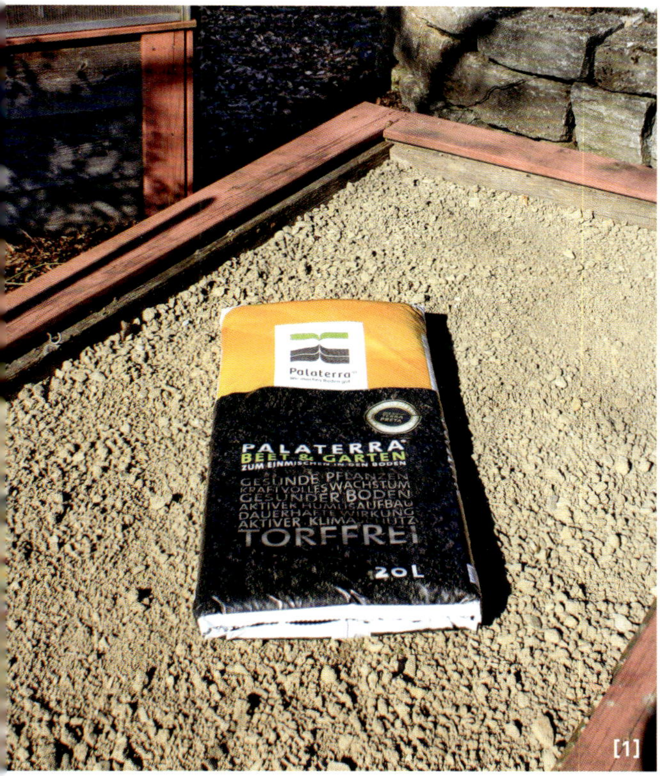

[1] Terrapreta Das schwarze Gold der Indianer muss man nicht mehr selbst herstellen, sondern kann es in handlichen Säcken in unterschiedlichen Mischungsverhältnissen mit Kompost für Kübel, Hochbeet oder Garten erwerben. Da die positive Wirkung der Holzkohle auf die Bodenorganismen über viele Jahre anhält, lohnt sich die Investition.

[2] Bentonit Als natürliches Tonmineral wird es als Pulver oder Granulat verkauft. Es erhöht die Bindigkeit und Wasserhaltefähigkeit des Substrats und eignet sich gut für selbst gemischte Hochbeet- und Kübelerde. Sandiger Boden wird lehmiger und es muss seltener gegossen werden.

[3] Kompost Feiner, gütegesicherter Kompost (RAL) kann während der Wachstumsperiode als Mulchdecke zwischen die Pflanzen gestreut werden. So schützt und ernährt er die Bodenorganismen, die organische Stoffe für die Pflanzen in Nährsalze umwandeln.

[1] Hügelbeete Auch wenn der Hügel anfangs noch hoch ist, an der Basis ist er breiter als ein Hochbeet und die Pflanzen lassen sich nicht rückengerecht pflegen. Zudem läuft das Gießwasser immer wieder vom Hügel herab, der ohne Seitenwände schnell austrocknet.

[2] Kompostbehälter Praktischer ist ein Kompostbehälter mit Lattenreihen, die einfach entfernt werden können. So kann man den Rand an die Beetsackung anpassen und zum Schluss die gewonnene, gute Komposterde am Boden leicht herausschaufeln.

[3] Starkzehrer bevorzugt Auf einem frisch aufgesetzten Hügelbeet oder Kompost sollten im ersten Jahr nur Starkzehrer wie Zucchini, ein Kürbisgewächs, gepflanzt werden. Deren Durst ist aber groß und besser am Fuß des Hügels zu stillen.

HOCHBEETE SIND KEINE HÜGELBEETE

EINE CHARAKTERISTISCHE EIGENSCHAFT von Kompost und Hügelbeet ist, dass das Material mit der Rotte stark in sich zusammenfällt. So ist die Füllung bereits nach einigen Monaten auf die Hälfte der Höhe zusammengefallen, was bei einer anfangs luftigen Schichtung nicht verwunderlich ist. Ein Hochbeet mit dieser Füllmethode muss also ständig nachgefüllt werden, wobei die gute, feine Erde, die beim Kompostieren entstanden ist, zuunterst gerät, wo sie von den Pflanzenwurzeln nicht erreicht wird. Stattdessen muss ständig neues Material aufgefüllt werden, das so nährstoffreich ist, dass man eigentlich nur Starkzehrer anbauen kann.

KOMPOSTIERUNG UND ROTTE

Schichtet man organische Abfälle aus dem Garten auf, werden sie von zahlreichen Tieren, Pilzen und Bakterien zerkleinert und zersetzt. Dazu wird Sauerstoff benötigt und Kohlenstoffdioxid entsteht. Eine lockere Schichtung mit gröberen und feineren Materialien ist für eine gute Rotte ebenso wichtig wie das richtige Verhältnis von Kohlenstoff zu Stickstoff (etwa 12:1). So riecht ein guter Kompost nicht unangenehm, sondern erwärmt sich schnell und zersetzt sich dabei zu guter, wohlriechender Erde.
Hügelbeete werden im Prinzip aufgeschichtet wie eine Kompostmiete. Auch hier läuft eine schnelle Rotte ab und es werden viele Nährstoffe frei, die man im ersten Jahr zum Anbau von Starkzehrern, wie dem Kürbis, nutzten sollte. Man setzt ihn aber besser an den Fuß des Hügelbeetes oder Kompostes, damit er nicht alle Nährstoffe aus dem wertvollen Material zieht. Auf dem nunmehr niedrigen Hügelchen kann man im zweiten Jahr Mittelzehrer wie Salate und Kohlrabi anbauen. Im dritten Jahr ist ein anfangs 100 cm hohes Hügelbeet bestenfalls noch 15 cm hoch und die Erde taugt noch für Schwachzehrer wie einige Kräuter, Erbsen und Bohnen.

BEETKÄSTEN FÜR HÜGELBEETE

Eine Möglichkeit, der Sackung zu folgen, ist eine eigene Hochbeetkonstruktion, deren Seitenwände in der Höhe angepasst werden können. Allerdings muss man hier auf eine Folie im Innern verzichten, sodass die abnehmbaren Dielen schnell verrotten. Nur mit Kunststoff-Dielen (WPC) und rostfreien U-Profilen als Pfosten lässt sich eine solche „mitwachsende" Konstruktion dauerhaft verwirklichen. Ein Kaninchendraht unter dem Beet ist hier besonders wichtig, denn in Hügelbeeten nisten sich gerne Mäuse und Wühlmäuse ein.
Wer mit Hügelbeeten experimentieren möchte, sollte das erst einmal mit einer offenen Miete tun oder darum herum Holzschwellen oder große Steine aufschichten, die man leicht wieder entfernen kann. Ein provisorischer Kompostbehälter, ausgeschlagen mit einer Folie oder Bändchengewebe („Gärtnerfolie"), tut es zur Not auch.

HOCHBEETE & KÜBEL IN DER STADT

SELBST ANGEBAUTES GEMÜSE erlebt derzeit besonders in Großstädten eine Renaissance. In Gemeinschaftsgärten, Schulgeländen und auf Brachen bauen Kinder, Studenten, Nachbarschaftsprojekte und andere Gruppen eigenes Gemüse in Hochbeeten, Kübeln, Kisten und Säcken an. Die einen sind mit ihrem Boden verwachsen und nutzen Hochbeete für übersichtliches und rückenfreundliches Gärtnern, die anderen wandern mit ihren mobilen Beeten an die Plätze, die für nichts anderes genutzt werden.

UNABHÄNGIGKEIT VOM BODEN

Das moderne und neue am urbanen Gärtnern ist die Unabhängigkeit von einem eigenen Stück Land. Man braucht weder ein Grundstück zu erwerben oder zu pachten, noch einen mehr oder weniger guten Boden zu beackern. Man ist frei von Altlasten und Schadstoffen, die in vielen Böden unerkannt schlummern, und mischt sich sein Substrat selbst. Und wenn der Anbauplatz nicht mehr gefällt oder zur Verfügung steht, kann man mit Kübeln, Kisten und Säcken einfach umziehen. Lediglich die Wasserversorgung der Pflanzenkulturen muss am Pflanzort gesichert sein.

KRITISCHE SOZIALE BEWEGUNG

Urbanes Gärtnern ist nicht nur eine „grüne“, sondern auch eine soziale Bewegung, die auf Missstände wie Bodenspekulation, Nahrungsmittelproduktion und -vernichtung aufmerksam macht. Sie prangert aber nicht nur Missstände an, sondern schafft eine soziale Alternative. Hier gärtnern Jung und Alt, Eingesessene und Zugezogene, Einheimische und Migranten miteinander. Es wird voneinander gelernt, diskutiert und geteilt. Die Gärtner lernen Kulturpflanzen aus anderen Ländern kennen und tauschen Rezepte. Man gärtnert, isst und feiert zusammen, und in vielen Projekten darf sich jeder nehmen, was er für sich braucht.

GÄRTNERN IN LUFTIGER HÖHE

Wer lieber sein eigenes Gemüse anbaut, aber nur eine Terrasse, einen Balkon oder Dachgarten zur Verfügung hat, ist mit großen Kübeln gut beraten. Leichte Hochbeete aus Metall eigen sich aber ebenfalls. Gegebenenfalls muss man den Boden vorher mit einer Folie abdecken, damit Terrassenplatten oder Fliesen nicht verschmutzen. Eine Dränage aus leichten Porotonkügelchen oder Perlite hilft, das Gewicht zu reduzieren. Man kann das Material ebenso wie die Pflanzsubstrate in Säcken mit dem Aufzug in das oberste Geschoss bringen.

Das Kübel- bzw. Hochbeetsubstrat muss man nicht jedes Jahr erneuern, sondern lockert es nur auf und ergänzt es mit etwas Kompost oder Fertigerde. Selbst das erschöpfte Substrat aus Balkonkästen und kleinen Pflanzkübeln kann man wiederverwenden, wenn man es in einem größeren Kübel ausleert und mit Kompost, Regenwurmerde und gegebenenfalls etwas Sand mischt. Damit sich Dränagematerial und Substrat beim Ausleeren nicht vermischen, ist es immer sinnvoll, über die Dränageschicht eines Kübels oder Hochbeets ein Stück Vlies zu legen.

[1]

[1] Dachterrassen Achten Sie vor dem Aufstellen von Hochbeeten und Kübeln auf Balkonen und Dachgärten immer auf die zulässigen Dachlasten (Vermieter und Statiker fragen). Am Rand eines Flachdachs kann man auf der darunter stehenden Stützmauer i.d.R. höhere Lasten aufbringen als in der Mitte.

[2] Stapelbar Bäckerkisten können in passender Höhe gestapelt und einfach gefüllt werden. Einfache Pappe am Rand und Boden verhindert für eine Saison, dass die Pflanzerde durch das Gitter rutscht. Rollbretter (Lastenroller) unter den Kisten machen sie noch mobiler. Stapelt man die Bäckerkisten auf Paletten, können sie mit einem Gabelstapler transportiert werden. Die unteren Kisten sind in der Regel leer, können aber zur Stabilisierung auch mit Ersatzsubstrat oder Kompost gefüllt werden.

[2]

[1] Mistbeetpackung Über den festgestampften Mist oder das mit Jauche genässte Stroh wird eine Schicht Erde geschaufelt. Mit einer passenden Abdeckung erhält man so ein Frühbeet mit Fußbodenheizung, das bereits im März bzw. April bepflanzt werden kann.

[2] Frühbeetaufsätze Mit hohen Seitenteilen eignen sie sich auch hervorragend zum dauerhaften Einsatz und ersetzen so das Gewächshaus. Hier kann man immer wieder neue Pflanzen vorziehen und kleine Tomatenstauden, Paprika, Chili und Basilikum vor Regen und Wind schützen.

[3] Vorkultur Sollen sich die Keimlinge in Töpfchen entwickeln, wählt man eine magere Anzuchterde dafür aus. Die Platten und Töpfe kann man im warmen Haus vorkultivieren, bevor man sie langsam im kühleren Treppenhaus abhärtet und anschließend ins Frühbeet setzt.

[1]

[2]

[3]

VOM HOCHBEET ZUM FRÜHBEET

WER EIN HOCHBEET HAT, kann daraus im zeitigen Frühjahr ganz einfach ein Frühbeet machen. Dazu braucht es eine passende Frühbeet-Abdeckung aus Glas oder Acryl, die in Richtung Süden etwas schräg liegend, die Strahlen der noch tief am Horizont stehenden Sonne einfängt. Je besser die Abdeckung mit dem Hochbeetrand abschließt, desto effektiver wird die Wärme im Innern des Kastens gespeichert (s. auch S. 20). Sind Ende Mai die letzten Nachtfröste vorbei, kann man die Scheiben entfernen und das Frühbeet wird wieder zum offenen Hochbeet.

FRÜHBEET MIT FUSSBODENHEIZUNG

Noch effektiver und damit früher einsetzbar ist ein Frühbeet mit einer Mistpackung als „Fußbodenheizung" für die Samen und Pflänzchen. Ein Hochbeet, das länger nicht mehr gedüngt beziehungsweise nachgefüllt wurde, eignet sich besonders gut dafür. Man füllt 10 bis 20 cm hoch Pferde-, Kuh- oder Kleintiermist ein und verdichtet die erdfeuchte Masse gut. Darüber wird eine etwa 15 cm hohe Schicht Substrat gefüllt. Soll direkt ins Beet gesät werden, nimmt man am besten Anzuchterde.

Wer keinen Mist zur Hand hat, kann sich mit Pellets aus Rinderdung helfen, die es in handlichen Eimern zu kaufen gibt. Aber auch Stroh und Spelzen (Schäben), gut mit Brennnesseljauche durchtränkt, können den tierischen Dung ersetzen. Diese Variante füllt man am besten bereits im Herbst nach der letzten Ernte in den Beetkasten. Das Stroh wird gut mit der Jauche aus stickstoffhaltigen Pflanzen übergossen und festgestampft. Darüber füllt man dann das gewünschte Pflanzsubstrat etwa 20 cm dick auf. Erst im zeitigen Frühjahr bzw. nach der Aussaat deckt man den Kasten mit dem Glasaufsatz ab, damit die wärmebildende Rotte nicht zu früh beginnt.

VOM FRÜHBEET ZUR MIETE

Ein halbleeres Hochbeet kann zusammen mit einem Frühbeetaufsatz auch als Einschlag für Wintergemüse dienen. Darin halten sich Wurzelgemüse wie Möhren, Sellerie, Rote Bete und Winter-Rettiche lange frisch. Auch gesunde Kohlköpfe, die von ihren Außenblättern befreit wurden, überstehen so den Winter, zumindest in milden Lagen. Dazu schaufelt man auf die Erdschicht eine Schicht gewaschenen Sandes, auf dem man das Gemüse mit etwa 20 cm Abstand zur Wand lagert und mit weiterem Sand abdeckt. Zum Schluss packt man eine dicke Schicht sauberen Strohs um die Miete herum und darüber und deckt das Ganze mit den Frühbeetscheiben ab. Aber nur ungewaschene und einwandfreie Früchte ohne Krankheiten, Schädlinge und Fäulnisstellen dürfen so gelagert werden.

Mieten für Obst und Gemüse müssen unbedingt sicher vor Mäusen sein. Mit einer bestückten Falle kann man vor dem Einlagern prüfen, ob Mäuse in das abgedeckte Hochbeet gelangen können.

HOCHBEETE MULCHEN & AUFFÜLLEN

ALLE SUBSTRATE, auch die stabilsten, sacken mit der Zeit ein klein wenig zusammen. Die Mineralien werden von den Pflanzen aufgenommen und mit der Ernte aus dem Beet entfernt. Verluste an Substrat gibt es auch durch anhaftende Erde beim Ernten und das Entfernen von Unkraut. Wenn man Substratsackung und -verlust geschickt ausgleicht, braucht man keine Erde im Beet nachfüllen. Allein eine organische Mulchschicht zwischen den Pflanzen gleicht die wenigen Zentimeter pro Jahr aus. Das Mulchen mit Rasenschnitt, gehäckselten Pflanzenteilen oder Kompost ernährt die Pflanzen den Sommer über und macht zumindest bei Schwach- und Mittelzehrern ein Nachdüngen überflüssig. Beim Mulchen muss aber immer bedacht werden, dass keine Krankheitskeime, Unkrautsamen und andere unerwünschte Begleitstoffe in das Beet gelangen. Frischer Rasenschnitt fällt im Sommer jede Woche an und ist gut zum Mulchen und zur Bodenernährung geeignet, wenn er nur dünn zwischen die Kulturen gestreut wird.

MULCHEN STATT HACKEN UND GIESSEN

Ein Sprichwort sagt: „Einmal hacken spart zweimal gießen.“ Man sollte es ergänzen um „wöchentliches mulchen spart viele Male hacken und gießen“. Denn die ständige Bodenbedeckung hält die Erde nicht nur lange feucht, sie verhindert auch das Verschlämmen und Festwerden bei Regen bzw. Bewässerung. Und das Bodenleben freut sich über den ausgeglichenen Temperaturverlauf und die stete Bodenfeuchtigkeit unter der Schutzdecke. Je stickstoffhaltiger das Mulchmaterial ist, desto besser wird der Boden damit gedüngt, je kleiner es geschnitten ist, desto schneller wird es zersetzt.
Frisches Substrat kann den Verlust ebenfalls ausgleichen. Mit dem Auffüllen sollte man warten, bis neue Kulturen ausgesät oder gepflanzt werden. Denn durch den Frost kann die Hochbeetfüllung auch wieder lockerer und damit voluminöser werden. Außerdem entscheidet sich oft erst im Frühjahr, welche Kulturen im Beet angebaut werden sollen. So kann man die oberste Beetschicht mit dem neuen Substrat genau anpassen.

SUBSTRATHÖHEN ANPASSEN

Ist das Substrat im Hochbeet zu nährstoffhaltig für eine geplante Kultur aus Schwachzehrern, z.B. Buschbohnen oder Feldsalat, kann man sogar etwas Sand auffüllen und in die obersten Zentimeter des Substrats einarbeiten.
Gesät wird meist in magere Anzuchterde oder eine eigene Mischung aus viel Sand und wenig Kompost. Vorgezogene Pflänzchen vertragen dagegen etwas nährstoffhaltigere Erde. Manche Pflanzen setzt man etwas tiefer oder häufelt die Erde nach dem Austreiben etwas an, damit sie weitere Wurzeln bilden. Dies kann man einfach mit frischem Substrat machen, dass man mit einer Schaufel oder Schütte neben die Pflanzen gießt. Andere wie Kopfsalat stehen lieber etwas höher und werden auf kleine Wälle aus frischem Substrat gesetzt.

[1] Rasen Eine Mischung aus stickstoffhaltigem Rasenschnitt und Strohhäcksel bedeckt den Boden zwischen den frisch gesetzten Pflänzchen. Die Mulchdecke schützt vor Unkrautsamen, hält den Boden feucht und locker und düngt beim Verrotten die Pflanzen.

[2] Späne Hobelspäne und anderes Mulchmaterial aus Holz enthält viel Kohlenstoff und braucht zum Verrotten Stickstoff. Hier sollte der Boden vor dem Mulchen mit etwas Brennnesseljauche oder Hornmehl gedüngt werden, damit den Pflanzen genügend Stickstoff zur Verfügung steht.

[3] Stroh Ein Mulchmaterial, das man zum Schutz der Früchte, z. B. Erdbeeren und Zucchini, auf den Boden legt. So spritzt bei Regen und beim Gießen keine Erde an die Früchte und der Boden bleibt länger feucht. Im Herbst räumt man die kaum verrotteten Halme in Frühbeet oder Kompost.

RICHTIG DÜNGEN

ORGANISCHE DÜNGER Hier werden die Mikroorganismen im Boden ernährt und gefördert, die organisches Material abbauen und in pflanzenverfügbare Stoffe umwandeln.
Bekannt ist das Düngen mit Tiermist, der jedoch selten zur Verfügung steht. So kauft man einfach handliche Düngepellets, die man direkt ins Beet streuen oder zur Jauche ansetzen kann. Gute pflanzliche Stickstofflieferanten sind Brennnessel und Beinwell. Zur Herstellung der Pflanzenjauche füllt man eine Tonne etwa zu ¼ mit ausgerissenen Pflanzenteilen und gießt mit Wasser auf. Sind keine frischen Pflanzen zur Hand, kann man sie auch in Pellet- oder Pulverform kaufen und in kleinen Mengen, z. B. in einer offenen Plastikflasche, etwa sieben Tage stehen lassen. Die vergorene Jauche wird dann etwa 1:10 in der Gießkanne verdünnt.

BIENENFREUND *(PHACELIA)* lockert verdichtete Böden auf und ist zudem eine attraktive, bei Honigbienen und Hummeln beliebte, Futterpflanze.

BRENNNESSELN in einer Gartenecke sind kein lästiges Unkraut, sondern ein wichtiger Stickstofflieferant und zudem die Futterpflanze vieler Schmetterlingsraupen.

DÜNGEPELLETS aus Tiermist oder Pflanzenteilen sind leicht und lassen sich gut im Trockenen lagern, ohne unangenehm zu riechen.

MINERALE & LEGUMINOSEN
Sie bestehen aus gemahlenem Gestein, das die lebensnotwendigen Mineralien Kalzium, Magnesium und Kalium sowie weitere Spurenelemente in unterschiedlichen Anteilen enthält. Diese können von den Pflanzen direkt aufgenommen werden. Aber auch Holzkohle und verschiedene mineralische Zuschlagstoffe und Bodenverbesserer helfen den Pflanzen dadurch, dass sie das Bodenleben fördern. So düngen sie die Pflanzen indirekt, indem sie die Mikroorganismen ernähren. Auch Leguminosen, wie z. B. *Phacelia,* deren Knöllchenbakterien in den Wurzeln den Stickstoff aus der Luft binden können, sind wichtige Düngepflanzen.

HORNSPÄNE
und Hornmehl sind Stickstoffdünger, die beim Schlachten von Huftieren anfallen.

GESTEINSMEHL
staubt nicht und lässt sich besser dosieren, wenn es zu kleinen Kügelchen geformt wird.

HOLZASCHE
aus dem Kamin bzw. Ofen enthält alle Mineralstoffe, die der Baum zeitlebens aufgenommen hat.

[1] Gießverfahren Niedrige Hochbeete lassen sich besonders rückengerecht mit der Kanne gießen, weil man sich nicht bücken muss. Bei hohen Hochbeeten kann man die Gießkanne auf dem Rand des Beetes abstellen und so die Arme entlasten. Gegossen wird immer an den Fuß der Pflanze und ohne Gießbrause.

[2] Regentonne mit Deckel Aus ihr kann man das kostbare Nass ganz einfach mit der Kanne schöpfen, ohne sich bücken zu müssen. Ein Hocker oder kleiner Tisch neben der Tonne erlaubt das Abstellen einer zweiten Kanne in bequemer Höhe.

[3] Tröpfchenbewässerung Durstige Kulturen sind mit dieser Methode gut bedient. Hier rinnt das Wasser langsam direkt in den Boden und an die Pflanzenwurzeln. Das Verlegen der flachen Schläuche geht recht schnell und den Durchfluss kann man per Zeitschaltuhr steuern. So ist es auch möglich, in regenarmen Zeiten eine Weile abwesend zu sein, ohne dass die Pflanzen verdursten.

[1]

[2]

[3]

DIE BEWÄSSERUNG

HARTNÄCKIG HÄLT SICH DAS VORURTEIL, dass Hochbeete ein Vielfaches mehr an Wasser benötigen als Bodenbeete. Doch das stimmt ganz und gar nicht, wenn das Substrat im Hochbeet ein gutes Wasserhaltevermögen hat und der innere Hochbeetaufbau nicht nach dem Hügelbeetprinzip erfolgt (s. auch S. 50). Mit einer dünnen Mulchdecke kann man den Wasserverlust ebenfalls verringern (s. auch S. 56). Auch das Hacken zwischen den Reihen mindert die Verdunstung, da so die wasserführenden Kapillaren unterbrochen werden. Im Vergleich zu Bodenbeeten auf sandigen Böden brauchen Hochbeete mit selbst gemischtem Substrat sogar weniger Wasser.

REGENWASSER NUTZEN

Gesammeltes Regenwasser ist allemal besser als Trinkwasser aus dem Hahn. Es ist weicher und in der Regel angewärmt, wenn es auf das Beet kommt. Man kann jeden Regenablauf eines Dachs so umrüsten, dass das Wasser in eine daneben stehende Tonne läuft. Ist sie voll, läuft das Wasser wie zuvor in den Kanal oder eine mit Kies gefüllte Rigole. Gute Regentonnen sind frostfest und müssen im Herbst nicht entleert werden. Man schöpft das Wasser mit der Kanne heraus und ist damit wesentlich schneller, als beim Füllen aus dem Hahn von Wasserspeicher oder Wasserleitung. Gegen Eier ablegende Stechmücken hilft ein Deckel, den man zum Schöpfen abnimmt bzw. bei großen Tonnen zur Hälfte umklappen kann. Er schützt außerdem Tiere und Kinder vor dem Hineinfallen und Ertrinken.

RICHTIG GIESSEN

Einen dekorativen Sprühregen über die Blätter Ihrer Pflanzen verteilen, sieht bei Sonnenschein und mit Regenbogen zwar besonders hübsch aus, ist aber für die Pflanzen mehr schädlich als nutzbringend. Das Wasser wird an den Wurzeln benötigt und sollte möglichst schnell in tiefere Erdschichten eindringen. Auf den Blättern verdunstet es nur und hinterlässt bei Sonnenschein sogar Brandflecken durch die Linsenwirkung der Tröpfchen. Deshalb beregnet man nur frisch Gesätes vorsichtig mit der Gießbrause, damit die Samen nicht weggespült werden. Sind die Pflänzchen fest verwurzelt, gießt man nur noch mit der Tülle der Kanne. Bei kleinen Pflänzchen ist es einfacher mit einer nur 5 oder 2,5 Liter fassenden Kindergießkanne mit engem Auslauf. Das belastet außerdem die Arme und Handgelenke des Gärtners weniger.

SCHLAUCHBEWÄSSERUNG

Wer keine Gießkannen tragen kann oder eine große Zisterne hat, wird das Wasser mit dem Schlauch zu den Pflanzen bringen. Dabei ist der Gießvorsatz das wichtigste Utensil. Nur Gießbrausen aus dem Fachhandel halten, was sie versprechen. Mit langem, gut geformtem Griff, in alle Richtungen verstellbarer Brause und unterschiedlichen Düseneinstellungen sind sie für alle Einsätze am Hochbeet und im Garten geeignet. Der Schlauch sollte aus UV-Licht-beständigem Kunststoff mit einer gitterartigen Gewebeeinlage bestehen, damit er nicht abknicken kann.

SCHÄDLINGSABWEHR

ZUERST IST ES WICHTIG beim Aufbau des Hochbeetes den Wühlmausdraht nicht zu vergessen, denn Mäuse und andere Nager würden sich hier sehr wohl fühlen. Lediglich bei der Wahl einer Dränageschicht aus Schotter oder Kies kann man auf den Draht verzichten (s. auch S. 44).

Die beste Schneckenabwehr ist, bei der Konstruktion darauf zu achten, dass die Elementbausteine nach oben immer größer werden (konische Form). Das erschwert das Hochkommen ganz erheblich. Das könnte bei Holzbeeten ebenso der Fall sein, wie bei Stein- oder Kunststoffbeeten. Sollte dies nicht machbar sein, wäre auf alle Fälle eine Schneckensperre (z.B. abgewinkeltes Blech unter dem auskragenden Beetrand) von Vorteil. Senkrechte Wände emporzukriechen, ist für Schnecken kein Problem, doch Überhänge und scharfe Kanten können sie nicht bewältigen.

GLEICHGEWICHT HERSTELLEN

Gegen einige fliegende Insekten helfen spezielle Netze oder Vliese, die zur rechten Zeit gespannt, das Anfliegen der Pflanzen und die Eiablage verhindern. Doch ganz wird man nie alle Schädlinge aussperren können. So ist ein gutes Gleichgewicht zwischen den Kulturschädlingen und den nützlichen Helfern im Garten die beste Garantie für eine gute Ernte.

SCHUTZ VOR KATZEN

Im Frühjahr, wenn das Beet frisch hergerichtet und eingesät ist, können Katzen das Angebot missverstehen und die Erde als Toilette benutzen. Hier hilft ein Vogelnetz, oder das im Frühjahr benötigte Vlies, welches die Pflanzen zusätzlich vor Frost schützt. Man kann es flach gespannt auf die Beetränder legen und an den Ecken mit Pflastersteinen beschweren. Sobald die Pflanzen etwas größer sind, ist eine höhere Mittelstange im Beet sinnvoll, über die das Netz oder Vlies gespannt wird. Auch eine Gartenkugel auf einem Stab eignet sich dafür. Dasselbe System schützt auch vor hungrigen Vögeln, die im Beet nach Würmern und Kerbtieren scharren oder sich an reifen Früchten wie Erdbeeren vergreifen.

INSEKTENSCHUTZ

Vermeiden Sie Monokulturen, denn dies begünstigt immer das Auftreten von Schädlingen. Pflanzen Sie in Ihrem Hochbeet abwechselnd die unterschiedlichsten Pflanzen und setzen zwischendurch auch mal Tagetes oder Kapuzinerkresse. Deren Heilwirkung auf Nachbarpflanzen ist erprobt. Günstige Nachbarschaften von Pflanzen wirken sich ebenso positiv aus (s. auch S. 118). Entweder stößt ihr Geruch die Schadinsekten ab oder sie dienen als „Falle“, weil sie von den Insekten lieber gemocht werden. Ein jährlicher Fruchtwechsel (s. auch S. 96) ist ebenfalls eine gute Methode, Schädlinge in Schach zu halten, denn die überwinternden Eier oder Larven finden im Folgejahr nicht die Futterpflanze im Beet, die ihre Eltern für sie ausgesucht hatten.

[1] Konische Beetform Diese kann von Schnecken nur schwer erklettert werden und das scharfkantige Holzhäcksel am Boden wird gemieden. Leider werden hier beide Abwehrmaßnahmen von der überhängenden Kapuzinerkresse als Aufstiegshilfe wieder zunichte gemacht.

[2] Netze Das Netz sperrt effektiv Vögel aus, die sich gerne an den Erdbeeren vergreifen und im Boden scharren. Es wirkt aber auch gegen Katzen, die in Beeten mit noch nicht bepflanzten Stellen gerne ihre Hinterlassenschaften vergraben.

[3] Vogelscheuchen Sie können sehr dekorativ sein, doch solange sie sich nicht bewegen, haben sie keinerlei Abwehrwirkung. Effektiver sind Windrädchen und Flatterbänder.

[4] Schneckenabwehr Solche Plastikkragen helfen, solange die Pflänzchen noch klein sind, und man kann die praktischen Helfer aus Kunststoff oder Metall immer wieder verwenden.

[1]

[2]

[3]

[4]

[1] Nisthilfen Vögel sind die Verbündeten des Gärtners, denn sie fangen eine Menge Insekten, um ihre Jungen großzuziehen. Nisthilfen für Höhlenbrüter, aber auch dichte Hecken und Reisighaufen für Nester bauende Vögel sollten in keinem Garten fehlen.

[2] Igelunterschlupf Ein naturnaher Garten bietet Unterschlupf für Igel, die wichtige Helfer bei der Schneckenbekämpfung sind. Aber auch Eidechsen, Ringelnattern und Laufkäfer sind Verbündete des Gärtners und brauchen naturnahe Gartenecken.

[3] Insektenhotel In diesem ausgedienten Gartengrill, bestückt mit Tonröhren, die mit Lehm, Stroh und Holunderstielen gefüllt wurden, finden viele nützliche Wildbienen Hohlräume für die Eiablage. Am Boden versteckt, ist Platz für Erd- und Gartenhummel. Als Dank bestäuben sie die Blüten und tragen damit wesentlich zur Fruchtbarkeit der Pflanzen bei.

[1]

[2]

[3]

NÜTZLICHE HELFER

EIN NATÜRLICHES GLEICHGEWICHT in Garten und Umgebung ist der beste Schutz vor vielen Schädlingen. Neben den vielen Tieren, die unser Obst und Gemüse lieben, gibt es ebenso viele natürliche Feinde, die Schadinsekten vertilgen. Sie anzulocken und zu fördern, ist das oberste Gebot des umweltbewussten Gärtners und erspart ihm eine Menge Arbeit.

NUTZINSEKTEN FÖRDERN

Gegen Schadinsekten, wie Blattläuse u.a., hat sich ein Insektenhotel bestens bewährt. Hier finden ihre natürlichen Feinde, wie Florfliegen, Marienkäfer, Schlupfwespen, Wildbienen u.a., ein Zuhause, die wiederum ein Gleichgewicht in der Natur herstellen. Man baut dazu einen Rahmen mit Schutzdach und unterteilt ihn in Gefache. Darin gibt es hohle Stängel von Gräsern, Zweige vom Holunder mit weichem Mark, Hartholz mit Bohrlöchern, Lehm-Stroh-Gemische mit und ohne Bohrlöcher, Heu hinter Kaninchendraht und lehmigen Sand. Die unterschiedlichsten Wildbienenarten bauen hier ihre Röhren und legen darin ihre Eier ab. Andere Insekten nutzen es als Tagesversteck. Ein dicker Laubhaufen am Fuß ist Winterquartier für Marienkäfer, die zusammen mit ihren Larven viele Blattläuse vertilgen.

NISTHILFEN FÜR VÖGEL

Im Frühjahr sind Vögel die Verbündeten des Gärtners. Besonders Blau- und Kohlmeisen lesen die Pflanzen von Schadinsekten ab. Sie füttern ihre frisch geschlüpften Jungen erst mit winzigen Blattläusen, dann mit kleinen und später mit größeren Raupen, immer passend zur Schnabelgröße. Da sie meist zwei- bis dreimal im Jahr brüten und wenig scheu sind, verfüttern sie kiloweise Insekten aus dem Garten. Sie sind aber auf künstliche Nisthilfen angewiesen, die man reichlich im Garten aufhängen sollte. Jeder Baum oder Pfosten, jede Haus-, Garagen- oder Schuppenwand eignet sich dafür, sofern freier Anflug in etwa zwei Meter Höhe für die Vogeleltern gewährleistet ist. Es gibt aber noch viele andere Vogelarten, die ihre Nester in dichte Gebüsche und Kletterpflanzen bauen. Wenn man sie von April bis Juli nicht bei Brut und Jungenaufzucht stört, vertilgen sie eine Menge Insekten im Garten.

SCHNECKENFRESSER IM GARTEN

Auch wenn es in vielen Hochbeeten kaum Schnecken gibt, wenn man deren unbedachte Verbreitung durch eigenen Kompost unterbindet, so sind doch alle Schneckenvertilger im Garten willkommen. Nicht nur der Igel frisst kleinere Nacktschnecken, auch Kröten fressen sie und Laufkäfer, die alle nur in der Dämmerung aktiv sind. Das Gelege der Nacktschnecken wird von Gehäuseschnecken aufgespürt und gefressen, weshalb man diese außerhalb der Beete in Ruhe lassen sollte. Bekannte Schneckenfresser sind Laufenten. Da die flugunfähigen Tiere auch an Salat und Gemüse naschen und über Beete trampeln, sind Hochbeete für Laufenten-Liebhaber ideal.

NUTZPFLANZEN

Ertragreich und lecker

NUTZPFLANZENANBAU

IM HOCHBEET IST DER PLATZ BEGRENZT und so stellt sich dem Gärtner jedes Jahr von neuem die Frage, welche Gemüse, Salate und Kräuter in seinem Hochbeet gesät oder gepflanzt werden sollen. Prinzipiell kann jede Nutzpflanze im Hochbeet wachsen, doch will man den Platz und die Saison lange ausnutzen, sind weniger voluminöse und schnell wachsende Pflanzen sinnvoller als solche, die viel Platz benötigen oder die eine lange Keimdauer haben. Zucchini und Kartoffeln wachsen besser in eigenen Kübeln oder am Boden, denn sie nehmen viel Platz weg. Wurzelgemüse wie Möhren keimen sehr lange, brauchen unterirdisch viel Platz und belegen so das Hochbeet die ganze Saison. Man kann sie aber auch mit Salat oder Radieschen als Zwischenfrucht kombinieren. Die Pflanzen sollten sich aber auch „vertragen“ oder sogar positiv aufeinander wirken (s. auch S. 104). Am günstigsten ist der Platz im Hochbeet genutzt, wenn man zwei Kulturen, z. B. Salate und Buschbohnen, in einer Saison nacheinander anbauen kann.

ERFAHRUNGEN SAMMELN

Mit den Jahren wächst nicht nur das Gemüse, sondern auch die Erfahrung des Gärtners. So behält er auch bei vielen Hochbeeten und Mischkulturen den Überblick, einen geraden Rücken und kann sich jeden Tag gesund ernähren.

DIE RICHTIGE MISCHUNG

Neben den einjährigen Nutzpflanzen gibt es auch einige, die zwei und mehr Jahre im selben Beet verbringen. Dazu gehören Petersilie und Schnittlauch, aber auch die mediterranen Gewürze. Ihren Standort muss man sorgfältiger planen. Eine Reihe Schnittlauch an der Schmalseite des Beetes stört nicht, wenn die anderen Pflanzen am Ende der Saison abgeräumt und das Beet im Frühjahr neu bestückt wird. Die Petersilienreihen sollten aber alle zwei Jahre den Standort wechseln. Mediterrane Halbgehölze sollten ein eigenes Beet mit spezieller, magerer Substratmischung zugewiesen bekommen (s. auch S. 84). Tomaten sind zwar einjährig, mögen aber immer wieder den gleichen Platz, den man ihnen sorgfältig aussuchen sollte (s. auch S. 72).

DEN WINTER NUTZEN

Mit dem Ernten der letzten Gemüse ist die Saison im Hochbeet noch lange nicht vorbei. Spinat und Feldsalat können jetzt noch ausgesät werden. Sie wachsen mit oder ohne Abdeckung und können im Spätwinter geerntet werden, bevor wieder neu gesät und gepflanzt wird. Mit einer Frühbeetabdeckung beginnt danach bereits die neue Saison für frostempfindliche Sämlinge und im Haus vorgezogene Pflänzchen. Besonders mediterranes Fruchtgemüse wie Paprika und Tomaten sind hier im kühlen Frühjahr lange gut aufgehoben.

FRUCHTGEMÜSE

ZUCCHINI, SOMMER-KÜRBIS
(*Cucurbita pepo* var.)
Im Hochbeet: Bildet wie alle Kürbisse große Blätter, deshalb an den Rand pflanzen oder besser noch in ein Extrabeet oder großen Kübel.
Nährstoffbedarf: Mittel bis hoch, im Juli nochmals organisch düngen, z.B. mit Brennnesseljauche.
Gute Nachbarn: Keine, da die Blätter alle anderen beschatten.
Weiteres: Eine Pflanze reicht für eine ganze Familie, da sie 3–5 Früchte pro Woche produziert. Mit Stroh unterlegt, faulen sie bei Nässe nicht so schnell.

GURKE
(*Cucumis sativus*)
Im Hochbeet: Bildet große Blätter und lange Ranken, deshalb über den Rand oder, noch besser, an einem Spalier an warmem Standort ranken lassen.
Nährstoffbedarf: Hoch mit

ebenfalls hohem Wasserbedarf, deshalb immer gut mulchen und im Juli nochmals düngen.
Gute Nachbarn: In warmen, sonnigen Lagen und auf niedrigen Beeten kann Zucker-Mais dazugepflanzt werden.
Weiteres: Blüten sehr dekorativ, deshalb auch gut geeignet für große Kübel vor Spalieren. Sehr frostempfindlich, deshalb im Haus vorkultivieren.

AUBERGINE
(*Solanum melongena*)
Im Hochbeet: Die vorkultivierten Pflänzchen nur im Gewächshaus oder unter Folie oder Glas anbauen.
Nährstoffbedarf: Mittel, aber regelmäßig mit (Tomaten)Dünger und gleichmäßig mit Wasser versorgen.
Gute Nachbarn: Basilikum und Buschbohnen.
Weiteres: Alte Sorten haben kleinere, gelbe, rote oder weiße Früchte, die teilweise auch im Freiland gut gedeihen. Sie sind meist aromatischer als die hier bekannten violetten Sorten.

PAPRIKA
(Capsicum annuum)
Im Hochbeet: Nach Vorkultur in Töpfen erst ab Ende Mai ins Hochbeet und dort mit einer Folie oder Glas vor starken Temperaturschwankungen schützen.
Nährstoffbedarf: Gleichmäßig hoch, deshalb fortwährend, aber in geringer Konzentration düngen. Eine dicke Mulchschicht sorgt für gleichmäßig feuchte und warme Erde.
Gute Nachbarn: Petersilie, Basilikum, Rettich und Kopfsalat.
Weiteres: Auch gut für Kübel auf der Terrasse geeignet, denn alle Sorten mit Früchten in grün, gelb, orange, rot oder violett sind sehr dekorativ.

BUSCHBOHNE
(Phaseolus vulgaris)
Im Hochbeet: Hier besonders gut vor Schnecken geschützt, die gerne die zarten Sämlinge fressen.
Nährstoffbedarf: Schwachzehrer, nicht auf frisch gedüngte Beete pflanzen.

Gute Nachbarn: Bohnenkraut und Salat.
Weiteres: Bohnen bilden Stickstoff in Wurzelknöllchen. Die etwa 15 cm hohen Pflänzchen anhäufeln, damit sie noch mehr Wurzeln und Knöllchen bilden. Wenn man die Pflanzen nach der Ernte nur in Bodennähe abschneidet, profitieren nachfolgende Pflanzenkulturen. Roh giftig!

GARTENERBSE
(Pisum sativum)
Im Hochbeet: Ebenso wie Bohnen besonders gut zum Lockern der Beeterde geeignet. Die Wurzelknöllchen reichern den Boden außerdem mit Stickstoff an.
Nährstoffbedarf: Gering bis mittel, da selbst Stickstoff bildend.
Gute Nachbarn: Knollenfenchel, Kohlrabi, Kopfsalat und Mairübchen.
Weiteres: Ein Rankgerüst oder verzweigte Reiser, die man zwischen die Pflanzen steckt, erleichtern das Aufrechtstehen der Pflanzen und die Ernte der Schoten.

TOMATENVIELFALT

TOMATEN GEHÖREN zu den beliebtesten Früchten des Hobbygärtners, denn es gibt eine fast unüberschaubare Sortenvielfalt, die man im eigenen Garten ausprobieren kann. Neben kleinen und großen, runden und länglichen Früchten kann man auch gelbe, grüne, gestreifte und violette anbauen. Viele schmecken roh am besten, andere eignen sich besser für leckere Soßen oder zum Überbacken.

HOCHBEETE FÜR TOMATEN

Da Tomaten immer wieder am gleichen Standort und im gleichen Beet stehen können, kann man ihnen ein passendes Hochbeet reservieren. Der Standort des Hochbeetes muss aber gut gewählt sein, da sie viel Wärme und feuchten Boden lieben, aber vor Regen geschützt werden sollten. So plant man ein Dach aus Folie oder Plexiglas für die Pflanzen am besten gleich mit. Auch fest installierte Haltestäbe oder Gitter für Stab-Tomaten haben sich bewährt. Das Tomatenhochbeet sollte nicht zu hoch sein, damit man auch die Früchte der hohen Stab-Tomaten noch ernten kann. Allerdings kann man alle Sorten durch Abkneifen des obersten Triebes auf die gewünschte Höhe zurechtstutzen. Die Seitentriebe werden teilweise ausgebrochen.

MISCHKULTUR

Zwischen Tomaten bleibt oft genug Platz für andere Pflanzen, so z. B. für die passenden Kräuter Petersilie und Basilikum.

AN DER HAUSWAND

Ein halbhohes Beet von etwa 50 cm Höhe und 60 bis 70 cm Tiefe an einer Südwand oder -mauer, am besten unter einem Dachüberstand, ist eine Variante, die sich schnell umsetzen lässt. Man pflanzt die hohen Tomaten an die Wand, die mittelhohen, buschigen in die Mitte und die kleinen, überhängenden Büsche an den vorderen Rand des Beetkastens.
Wer einen geeigneten Standort erst finden muss, setzt die vorkultivierten oder gekauften Pflanzen einzeln in Kübel und testet ihr Wachstum an unterschiedlichen Standorten. Auch die Südwand eines Gartenhauses oder Carports kann geeignet sein.

SPEZIELLE SUBSTRATE

Die Nachtschattengewächse zählen zu den Starkzehrern mit hohem Bedarf an organischem Dünger. Eine Lage verrotteter Pferdemist unter der Pflanzerde ist ein guter Langzeitdünger, aber auch Terra Preta, Kompost, Hornspäne und spezielle Tomatendünger eignen sich gut. Nach der ersten Ernte sollte man nochmals düngen, wobei Kali wichtiger ist als Stickstoff. Der Boden sollte gut die Feuchtigkeit speichern und immer dick gemulcht sein, z. B. mit Beinwellblättern die auch Kali spenden, da der Wasserbedarf der Pflanzen sehr hoch ist. Für Tomaten in Kübeln und Hochbeeten eignen sich spezielle Dünger-Kegel, die einfach in die Erde neben der Pflanze gesteckt werden und die Pflanze 60 bis 100 Tage lang ausgewogen ernähren.

[1] Tomatenhaus Solch ein komfortables Tomatenhaus auf einem niedrigen Hochbeet ist optimal für die empfindlichen Früchte, besonders wenn man in kühlen Lagen wohnt. Der Aufwand lohnt sich, da die Pflanzen jedes Jahr im gleichen Beet angebaut werden können.

[2] Dachüberstände nutzen Auch unter dem Dachüberstand einer nach Süden gerichteten Hauswand stehen Tomaten im Hochbeet oder Kübeln optimal. Sie profitieren hier von Regenschutz und der Wärmespeicherung der Mauer.

[3] Witzig Ein hübscher und preiswerter Regenschutz für Tomaten ist der transparente Regenschirm, den man am Tomatenstab befestigen kann. Zusammen mit den Blumen ist das Beet ein witziger „Hingucker".

STAUDENGEMÜSE

MANGOLD

(*Beta vulgaris* var. *flavescens*)
Im Hochbeet: Verträgt auch Halbschatten, die buntstieligen Sorten sind sehr dekorativ. Man unterscheidet Blatt- oder Schnittmangold für fortdauerndes Ernten der Blätter sowie Stiel- oder Rippenmangold mit schmackhaften Stielen.
Nährstoffbedarf: Mittelzehrer für lockere, humose und feuchte Substrate, reichert Stickstoff an, deshalb nur wenig düngen.
Gute Nachbarn: Sehr gut geeignet für Mischkulturen mit Wurzelgemüse, Kohlrabi und Bohnen.
Weiteres: Kann ab April ins Freiland gesät werden, in milden Lagen beziehungsweise mit Winterschutz zweite Saat im August.

FENCHEL

(*Foeniculum vulgare*)
Im Hochbeet: Liebt lockere, sandige, leicht kalkhaltige Substrate mit guter Dränage. Bei dichtem Stand werden die Sprossknollen dicker.

Nährstoffbedarf: 2 bis 3 Liter Kompost im Frühjahr und bei Beginn der Knollenbildung Hornmehl oder Gemüsedünger.
Gute Nachbarn: Gurken und Salate.
Weiteres: Nach dem Düngen muss die Erde immer gleichmäßig feucht bleiben, damit die Knollen nicht faserig und zäh werden.

STAUDENSELLERIE

(*Apium graveolens* var. *dulce*)
Im Hochbeet: Vorgezogene Pflänzchen erst nach den Eisheiligen ins Beet setzen. Immer wieder anhäufeln, die Triebe später mit dunkler Folie bleichen.
Nährstoffbedarf: Braucht nährstoffreichen, feuchten Boden und viel Kali, deshalb Holzasche und Kompost im Herbst ausbringen und zwischen den Reihen mit Farn- oder Beinwellblättern mulchen.
Gute Nachbarn: Porree, Brokkoli; wehrt den Kohlweißling ab.
Weiteres: Ab September vor Nachtfrösten schützen. Die Stangen halten sich lange im kühlen Keller.

PAK CHOI

(*Brassica rapa* subsp. *chinensis*)
Im Hochbeet: Wegen der kleineren Pflanzen und kürzeren Vegetationszeit hier besser geeignet als Chinakohl.
Nährstoffbedarf: Starkzehrer für warmen, immer feuchten Boden. Ab Ende Juli aussäen, nach dem Auflaufen alle zwei bis drei

Wochen mit Hornmehl (25g/m²) nachdüngen.
Gute Nachbarn: Endivie, Sellerie, Kopfsalat, Mangold, Rote Bete und Herbst-Spinat.
Weiteres: Pflanzen bis zum ersten Frost auf dem Beet stehen lassen, bei viel Regen Beet abdecken. Auch als Salat sehr schmackhaft.

KOHLRABI

(*Brassica oleracea* var. *gongylodes*)
Im Hochbeet: Wegen kurzer Vegetationszeit als Früh- oder Nachkultur sowie als Lückenfüller für Mischkultur besonders gut geeignet.
Nährstoffbedarf: Mittelzehrer für lockeres, gleichmäßig feuchtes Substrat. Flüssigdünger oder Kompost in der Wachstumsphase nötig.
Gute Nachbarn: Bohnen, Salat, Mangold, Rote Bete, Porree, Sellerie und Spinat.
Weiteres: Es gibt frühe, schossfeste Sorten, solche für den Sommeranbau und lagerfähige Herbstsorten, mit weißen oder violetten Sprossknollen und Blättern.

BROKKOLI

(*Brassica oleacea* var. *italica*)
Im Hochbeet: Wegen kürzerer Vegetationszeit und geringerem Platzbedarf besser geeignet als der nah verwandte Blumenkohl.
Nährstoffbedarf: Starkzehrer, der neben viel Kompost auch Kalk braucht. Kopfdüngung mit Brennnesseljauche vor Beginn der Knospenbildung sorgt für Seitentriebe nach der Ernte der Mittelknospe.
Gute Nachbarn: Tomaten, Salat, Sellerie und Stangenbohnen.
Weiteres: Brokkoli kann mehrmals beerntet werden. Wintersorten überdauern bei bis -5° C im Hochbeet.

BLATTSALATE

KOPFSALATE
(*Lactuca sativa*)
Im Hochbeet: Schlankere Sorten wie Romana, Batavia und Pflücksalat sind hier besser geeignet als dicke Köpfe. Alte und rötliche Sorten sind sehr dekorativ und bieten meist mehr Geschmack.
Nährstoffbedarf: Schwach bis mittel, Nachdüngen meist nicht nötig.
Gute Nachbarn: Als Zwischenkultur und Lückenfüller zu Möhren, Porree, Bohnen, Kohlrabi und andere Gemüse. Nicht zu Petersilie.
Weiteres: Es gibt eine Fülle von alten und neuen, kleinen und großen Sorten, die es auszuprobieren lohnt.

ZICHORIENSALATE
(*Cichorium intybus*)
Im Hochbeet: Radicchio, Chicorée, Endivie, Frisée, Zuckerhut und Schnitt-Zichorie eignen sich gut für die Herbstkultur.

Nährstoffbedarf: Gering, deshalb ideal als Nachkultur von Frühgemüse außer Kopfsalat, Mangold, Rote Bete und Bohnen.
Gute Nachbarn: Knollenfenchel, Kopfsalate, Brokkoli, Mangold.
Weiteres: Winter-Zichorien sind bei uns nicht frostfest und müssen mit Vlies abgedeckt werden. Man kann sie aber lange im kühlen Keller lagern. Die Bitterstoffe der Blätter sind sehr gesund.

FELDSALAT
(*Valrianella locusta*)
Im Hochbeet: Als Herbstkultur ab Mitte Juli, spätere Saaten überwintern auch bei starkem Frost. Mit Vlies (Abdeckung) können ungefrorene Pflanzen den ganzen Winter geerntet werden.
Nährstoffbedarf: Gering, deshalb als Nachkultur gut geeignet.
Gute Nachbarn: Porree, Herbst-Kohlrabi, Winter-Zwiebeln und späte Möhren.
Weiteres: Falls ab Juli noch kein Platz in den Beeten ist, je 5–8 Samen in Multitopfplatten in eine Mischung aus Reifekompost, Sand und magerer Erde säen. Nach 3 bis 4 Wochen in Reihen im Abstand von 8 cm ins Beet pflanzen.

SALATRAUKEN
(*Eruca sativa, Diplotaxis tenuifolia*)
Im Hochbeet: Sowohl die ausdauernde Rucola als auch die einjährige Salat-Rauke sind unkompliziert und brauchen nur wenig Platz.
Nährstoffbedarf: Mittel, zu schnelles Wachstum führt zu milderen Blättern mit weniger Schärfe.

PFLÜCKSALAT-MISCHUNGEN
Im Hochbeet: Sehr gut geeignet, da kurze Kulturzeiten und Ernte von Frühjahr (im Frühbeet) bis Herbst möglich.
Nährstoffbedarf: Mittel, deshalb auch gut als Zwischenkultur und Lückenfüller.
Gute Nachbarn: Alle Wurzel- und Staudengemüse, aber auch Zwiebeln und viele Küchenkräuter sowie andere Salatpflanzen.
Weiteres: Unterschiedliche Saatgutmischungen mit Salaten aus verschiedenen Pflanzenfamilien und Erdteilen von Europa bis Asien (Blatt-Senf) im Handel.

Gute Nachbarn: Außer neben Kohl und Rettich können die Pflänzchen überall am Rande der Kulturen in Reihe stehen.
Weiteres: Die abgeschnittenen Blätter wachsen wieder nach. Blütentriebe immer rechtzeitig abschneiden. *Diplotaxis* überwintert und kann zwei bis drei Jahre beerntet werden. Nicht blühen lassen.

HIRSCHHORN-WEGERICH
(*Plantago coronopus*)
Im Hochbeet: Ab April/Mai bis Juli direkt ins Beet säen, nur leicht mit Erde bedecken und immer feucht halten. Blätter können laufend geerntet werden.
Nährstoffbedarf: Liebt tiefgründigen, humosen Boden in sonniger bis halbschattiger Lage.
Gute Nachbarn: Passen überall dazwischen und an den Hochbeetrand, solange es sich nicht um die gleiche Pflanzenfamilie handelt.
Weiteres: Im Biosaatguthandel gibt es viele wiederentdeckte, alte Salatsorten und neue Mischungen, besonders auch von asiatischen Rettich- und Kohl-Sorten, die man als Salat ausprobieren kann.

WURZELGEMÜSE

KAROTTE, MÖHRE
(*Daucus carota* subsp. *sativus*)
Im Hochbeet: Alle weißen, gelben und orangefarbenen Sorten mit kurzen oder langen Wurzeln wachsen in lockerem, sandig-lehmigem Hochbeetsubstrat schön gerade.
Nährstoffbedarf: Mittel, vor dem Säen reifen Kompost und etwas Algenkalk und Steinmehl beim Lockern der Erde untermischen. Alternativ eine bodenlockernde Gründüngung als Vorkultur.
Gute Nachbarn: Kohlrabi, Porree, Zwiebeln, Dill und Salate.
Weiteres: Späte Möhren können im mit Stroh oder Laub abgedeckten Hochbeet (Blätter schauen dabei heraus) überwintern.

ROTE BETE
(*Beta vulgaris* var. *vulgaris*)
Im Hochbeet: Sehr anspruchslos, gedeihen auch im Halbschatten und können auch klein geerntet werden. Gelegentlich den Boden etwas lockern.

Nährstoffbedarf: Mittel bis gering, alle 14 Tage Brennnessel- oder Beinwelljauche ins Gießwasser.
Gute Nachbarn: Alle Salate (nicht nach und mit Mangold und Spinat).
Weiteres: Früher beliebte weiße, gelbe und orangefarbene Sorten werden gerade wiederentdeckt. Zum Lagern eignen sich nur unbeschädigte, gut ausgereifte Knollen.

RETTICHE UND RADIESCHEN
(*Rhaphanus sativus*)
Im Hochbeet: Radieschen wegen der kurzen Entwicklungszeit als Markierungs- und Zwischenfrucht geeignet. Rettiche werden hier besonders lang und gerade.
Nährstoffbedarf: Mittelzehrer, die wegen ihres raschen Wachstums schnell verfügbaren Stickstoff (Hornmehl, Pflanzenjauche) brauchen.
Gute Nachbarn: Salat, Mangold, Rote Bete und Spinat (nicht nach Kohl pflanzen).
Weiteres: Es gibt frühe und späte, weiße, rosa, rote und schwarze, runde, walzenförmige und spitze Rettiche mit mehr oder weniger Schärfe.

KNOLLENSELLERIE

(*Apium graveolens* var. *rapaceum*)
Im Hochbeet: Nach Vorkultur ab Mai ins Hochbeet in lockere feuchte Erde pflanzen.
Nährstoffbedarf: Mittel, den Boden immer mulchen (z.B. Rasenschnitt); Kalireiche Gemüsedünger und Beinwelljauche ab August etwa wöchentlich geben.

Gute Nachbarn: Buschbohnen, Gurke, Broccoli, Kohlrabi und Porree.
Weiteres: Die Knollen können bis zum ersten Frost auf dem Beet bleiben. Kleine Knollen können schon vorher geerntet, junge Blätter als Würze genutzt werden.

PASTINAKEN

(*Pastinaca sativa*)
Im Hochbeet: Hier erntet man in lockerem Substrat besonders lange gerade Wurzeln. Eine Mulchschicht verhindert das Verkrusten.
Nährstoffbedarf: Im August mit 25g/m² Hornmehl oder anderem düngen. Geschmack und Lagerfähigkeit sind bei langsamem Wachstum in magerem Boden besser.
Gute Nachbarn: Kohlrabi, Feldsalat, Spinat, Ringelblumen und andere.
Weiteres: Können den ganzen Winter geerntet werden, nach dem ersten Frost ist der nussartige Geschmack noch besser.

KARTOFFEL

(*Solanum tuberosum*)
Im Hochbeet: Besonders frühe und kleine, rare Sorten sind gut für Hochbeete geeignet.
Nährstoffbedarf: Mittel, bei hohem Humusgehalt und nicht zu viel Stickstoff. Leicht saurer Boden, verträgt keinen Kalk.
Gute Nachbarn: Kohlrabi und Buschbohnen (nach Kohl, nicht nahe Tomaten).
Weiteres: Kartoffeln kann man auch gut in abgesackten Hochbeeten, Kübeln und großen Eimern anbauen. Nach dem Austrieb füllt man nach und nach mehr Erde auf, damit sie mehr Wurzeln und Knollen bilden.

KÜCHENKRÄUTER

PETERSILIE

(*Petroselinum crispum*)
Im Hochbeet: Das zweijährige Kraut kann ab Mai bis Juni oder Ende Juli bis August gesät werden. Trägt auch oft noch im dritten Jahr, wenn man das Blühen verhindert.
Nährstoffbedarf: Mittel, humusreiche, lockere Erde, gerne im Halbschatten. Liebt etwas Kalk, zum Beispiel zerriebene Eierschalen zwischen den Reihen.
Gute Nachbarn: Gurken, Lauch, Radieschen, Rettich, Zwiebeln, Tomaten.
Weiteres: Die glatte Petersilie (s. Foto) ist würziger und unproblematischer im Anbau als die krausen Sorten.

SCHNITTLAUCH

(*Allium schoenoprasum*)
Im Hochbeet: Die mehrjährige Zwiebelpflanze kann dauerhaft als Einfassung am Rand eines Hochbeetes, gerne im Halbschatten stehen.

Nährstoffbedarf: Gering bis mittel, je nach Intensität der Ernte.
Gute Nachbarn: Salate, Gurken, Kohl, Möhren, Rote Bete und Sellerie.
Weiteres: Dichte Horste im Frühjahr oder Herbst ausgraben, teilen und wieder mit etwas Abstand einpflanzen. Auch die hübschen Blüten sind essbar.

PIMPINELLE

(*Sanguisorba minor*)
Im Hochbeet: Niedrige, ausdauernde Staude für sonnige bis halbschattige, etwas feuchtere Beetecken.
Nährstoffbedarf: Gering, leicht sandiger und kalkhaltiger Boden.
Gute Nachbarn: Alle Kräuter, Salate und Gemüse mit ähnlichen Bodenansprüchen.
Weiteres: Möglichst fortwährend am Blühen hindern. In der Küche die Blättchen von unten nach oben vom Stiel streifen. Schmeckt auch als Salatkraut sehr aromatisch.

GARTEN-SAUERAMPFER

(Rumex rugosus)
Im Hochbeet: Die ausdauernde Staude steht gut in einer feuchten Ecke im Halbschatten.
Nährstoffbedarf: Mittel, humoser, feuchter, leicht saurer Boden.
Gute Nachbarn: Alle anderen Küchenkräuter, Mangold und Rote Bete.
Weiteres: Rotblättrige Sorten sehen sehr dekorativ aus und wachsen nicht so üppig wie die grünen; fortlaufend am Blühen hindern. Der Garten-Ampfer (*Rumex patientia*) enthält weniger Oxalsäure.

DILL

(Anethum graveolens)
Im Hochbeet: Einjährige Pflanze, die sich auch selbst aussät, wenn man einige Samen reifen lässt.
Nährstoffbedarf: Mittel, warmer, humoser Boden, etwas kalkhaltig.

Gute Nachbarn: Bohnen, Erbsen, Gurken, Möhren, Kartoffeln, Rote Bete, Salat und Zwiebeln.
Weiteres: Kann ab Mai laufend gesät werden. Einige Blütendolden für die Raupen des Schwalbenschwanz (s. auch S. 91) stehen lassen.

BORRETSCH

(Borago officinalis)
Im Hochbeet: Einjährige, dekorative Pflanze, die sich selbst aussät, wenn man einige Samenstände reifen lässt.
Nährstoffbedarf: Mittel, liebt sonnige Standorte.
Gute Nachbarn: Salate, Erdbeeren und Kohl (wehrt Kohlfliegen ab).
Weiteres: Nur die jungen, zarten Blätter und die Blüten sind essbar; die ausdauernde Art (*Borago laxiflora*) hängt dekorativ über dem Hochbeetrand. Schnecken meiden die behaarten Blätter und Stängel aller Borretschgewächse.

MEDITERRANE WÜRZE

GARTEN-THYMIAN

(*Thymus vulgaris*)
Im Hochbeet: Mehrjähriger Zwergstrauch für sonnige, steinerne, Wärme speichernde Hochbeete.
Nährstoffbedarf: Sehr gering, trockener, wasserdurchlässiger, kalkhaltiger Boden (zum Beispiel Kalkschotter mit etwas Kompost).
Gute Nachbarn: Alle anderen mediterranen Kräuter, Lavendel, Salbei, Buchs, Zwerg-Felsenbirne (*Amelanchier ovalis*).
Weiteres: Viele dekorative, buntblättrige Arten und Sorten mit rosa Blüten und mit unterschiedlichen Aromen im Handel.

BERG-BOHNENKRAUT

(*Satureja montana*)
Im Hochbeet: Mehrjähriger, wintergrüner Halbstrauch mit kriechendem Wuchs für sonnigen Standort.

Nährstoffbedarf: Magerer, wasserdurchlässiger, kalkhaltiger Boden.
Gute Nachbarn: Alle anderen mediterranen Kräuter.
Weiteres: Andere Arten und Sorten sind nicht frosthart und brauchen Winterschutz. Auch das getrocknete Kraut ist sehr würzig.

OREGANO UND DOST

(*Origanum vulgare* u. *O. majorana*)
Im Hochbeet: Ausdauernde, winterharte Staude, die zum Wuchern neigt. Die Sorte ‚Compactum' ist niedriger und dekorativer, es gibt auch Hybriden mit unterschiedlichen Aromen. *Oregano majorana* ist etwas frostempfindlicher als *Oregano vulgare,* außer der Sorte ‚Miraz'.
Nährstoffbedarf: Gering, durchlässiger, nicht zu trockener, kalkhaltiger Boden.
Gute Nachbarn: Alle anderen mediterranen Gewürze.
Weiteres: Zum Trocknen erst während der Blüte schneiden. Die Blüten in Weiß, Rosa und Purpur sind ebenfalls essbar.

CURRYKRAUT
(*Helichrysum italicum*)
Im Hochbeet: Dekorativer, mehrjähriger, immergrüner Halbstrauch mit gelben Blüten und intensivem Curryaroma.
Nährstoffbedarf: Gering, für mageren, wasserdurchlässigen, kalkhaltigen Boden.
Gute Nachbarn: Alle anderen mediterranen Zwerg- und Halbgehölze.
Weiteres: Rückschnitt nach der Blüte hält den Strauch kompakt. Etwas lockerer Winterschutz aus Zweigen zu empfehlen. Die länglichen Blätter sind zum Würzen asiatischer Gerichte sehr zu empfehlen. Auch die Blüten sind essbar.

ROSMARIN
(*Rosmarinus officinalis*)
Im Hochbeet: Immergrüner Halbstrauch, der in rauen Lagen Winterschutz braucht oder kühl und hell im Topf überwintert.

Nährstoffbedarf: Gering, kalkhaltiger, wasserdurchlässiger, etwas humoser Boden.
Gute Nachbarn: Andere mediterrane Kräuter und Möhren.
Weiteres: Für Hochbeetränder, Mauerkronen und Ampeln sind hängende Sorten besonders dekorativ.

BASILIKUM
(*Ocimum basilicum*)
Im Hochbeet: Die einjährige Staude besser in einen großen Topf pflanzen und diesen im Sommer im Hochbeet eingraben. Passender Standort muss oft gesucht werden.
Nährstoffbedarf: Mittel bis hoch, humoser, feuchter, aber gut dränierter Boden.
Gute Nachbarn: Gurken, Tomaten, Fenchel, Kohlrabi und Zwiebeln (wehrt Zwiebelfliegen ab).
Weiteres: Viele Sorten mit unterschiedlichen Aromen in guten Kräutergärtnereien zu finden. Pflanzen aus dem Supermarkt eignen sich nicht fürs Freiland.

HEILSAME TEEPFLANZEN

ZITRONEN-MELISSE
(*Melissa officinalis*)
Im Hochbeet: Sehr dekorative, ausdauernde Staude, bis 100 cm hoch, deshalb besser in niedriges Hochbeet oder am sonnigen Fuß pflanzen.
Nährstoffbedarf: Niedrig bis mittel, mäßig trockener, durchlässiger Boden.
Gute Nachbarn: Stauden, Zwergsträucher.
Weiteres: Die Staude am Blühen hindern, damit das Blattaroma bleibt. Am aromatischsten ist die Sorte 'Binsunga', 'Variegata' hat gelbbunte Blätter, 'Nana' wächst niedrig und kompakt und passt auch als Würzkraut ins mediterrane Hochbeet. Schmeckt nur frisch, nicht zum Trocknen geeignet.

ECHTER LAVENDEL
(*Lavandula officinalis*)
Im Hochbeet: Attraktives, immergrünes Halbgehölz bis 30 cm Höhe, sehr schnittverträglich,

deshalb schön als Einfassung für sonnige Hochbeete und mediterrane Kräuterbeete.
Nährstoffbedarf: Niedrig bis mittel, bei wasserdurchlässigem, kalkhaltigem Boden.
Gute Nachbarn: Mediterrane Kräuter, Buchs und niedrige Stauden.
Weiteres: Die Blüten wirken als Tee beruhigend, galletreibend und gegen Blähungen. Auch als Badezusatz und Duftpflanze.

ECHTER SALBEI
(*Salvia officinalis*)
Im Hochbeet: Der ausdauernde Salbei passt als Zwergstrauch ins mediterrane Hochbeet, andere Arten und Sorten auch zu Stauden.
Nährstoffbedarf: Gering bis mittel, durchlässiger, etwas kalkhaltiger Boden.
Gute Nachbarn: Mediterrane Kräuter oder sonnenhungrige Stauden und Teepflanzen.
Weiteres: Im Frühjahr zurückschneiden, damit der Strauch kompakt bleibt. Die einjährigen Arten und Sorten mit unterschiedlichem Fruchtaroma sind nur für Kübel mit Winterquartier geeignet.

INDIANERNESSEL, GOLDMELISSE

(*Monarda didyma*)
Im Hochbeet: Ausdauernde, bis 80 cm hohe, aufrecht wachsende Staude für niedrige Hochbeete. Duftet nach Bergamotte.
Nährstoffbedarf: Mittel, durchlässiger, mäßig feuchter Boden an sonnigem Standort.
Gute Nachbarn: Hohe Stauden und Sommerblumen, Präriepflanzen und -gräser sowie andere *Monarda*-Arten und -Hybriden.
Weiteres: Die leuchtend roten Blüten können frisch oder getrocknet Gerichten und Tees beigemischt werden.

KOREAMINZE, ANISYSOP

(*Agastache rugosa*)
Im Hochbeet: Attraktive, bis 60 cm hohe, mehrjährige und sehr winterharte Staude, für niedrige Hochbeete.
Nährstoffbedarf: Mittel, in durchlässigem, mäßig feuchtem Boden; im Herbst etwas Kompost auf das Beet geben.

Gute Nachbarn: Sonne liebende Schmuckstauden, Horst-Gräser und andere Teepflanzen. Staude wuchert nicht.
Weiteres: Besonders wohlschmeckend nach Anis und Minze sind die Sorten 'Korean Zest', 'Alba' und 'Anisana'.

MINZE

(*Mentha*)
Im Hochbeet: Alle wuchernden Arten und Sorten sollten ein eigenes, halbhohes Hochbeet im Halbschatten bekommen, zum Beispiel einen circa 25 cm tief eingegrabenen Schachtring als Wurzelsperre, ohne Dränageschicht.
Nährstoffbedarf: Mittel bis hoch, lehmiger, humoser, feuchter Boden; im Herbst nach dem Abschneiden viel Kompost geben und mit Laub oder Holzhäcksel mulchen.
Gute Nachbarn: Nicht wuchernde Arten vertragen sich auch mit Schmuckstauden in Sonne oder Halbschatten.
Weiteres: Neben der bekannten Pfefferminze gibt es viele weitere attraktive Arten und Sorten mit mildem, fruchtigem, frischem und scharfem Aroma.

TISCHBEETE FÜR ALLE FÄLLE

ANGELEHNTE ODER FREI STEHENDE Tischbeete können bequem im Sitzen gepflegt werden. Ihr Nachteil ist die geringe Substrathöhe, die den Pflanzen zur Verfügung steht. Doch es gibt genügend Nutzpflanzen, die damit gut zurechtkommen. Nicht nur Rollstuhlfahrer profitieren von den praktischen Hochbeeten, wo alle Pflanzen im Beet bequem im Sitzen erreicht werden können.

Tischbeete sind auch praktische Pflanztische für Topfkulturen, zum Vorziehen, Pikieren und andere Arbeiten. Mit Rollen können sie einfach an den passenden Platz geschoben werden. Tischbeete sind aber keine Frühbeete, denn sie kühlen auch mit Abdeckung und bei Sonne von unten stark aus. Man kann auch Teile des Tischbeets abdecken und als praktische Arbeitsplatte benutzen. Eine Rückwand am schmalen Tischbeet kann zur Aufbewahrung von kleinen Gartenutensilien genutzt werden. Zum Vorziehen empfindlicher Pflanzen rollt man den Pflanztisch im Frühjahr in ein Gewächshaus oder unter einen Folientunnel.

DIE RICHTIGE TISCHGRÖSSE

Nehmen Sie erst genau Maß, gegebenenfalls an einem vorhandenen Tisch, der zu Ihren Körpermaßen passt, bevor Sie sich ein Tischbeet bauen oder kaufen. Beachten Sie die Stuhlhöhe, die Beinfreiheit, Ihre Armlänge und dass die Tischbeine beim Sitzen und Umrunden des Beetes nicht stören. Angelehnte Tischbeete dürfen maximal 70 cm tief sein, frei stehende 120 bis 140 cm. Für Rollstuhlfahrer sind runde Beete mit einem Mittelfuß am einfachsten zu erreichen. Die Höhe des Beetrandes sollte so bemessen sein, dass möglichst viel Substrat eingefüllt werden kann, darf aber nicht ein schmerzhaftes Heben der Arme und Schultern zur Folge haben. Das Material sollte glatt und hautfreundlich sein. Der Wasserabfluss muss an der tiefsten Stelle liegen und so gestaltet sein, dass einem kein Wasser auf die Beine tropft.

TISCHBEET-SUBSTRATE

Ein Tischbeet ist streng genommen ein flacher Kübel mit einer Substratdicke von etwa 25 cm. Hier ist kein Platz für eine Dränage, sodass das Substrat sowohl Wasser haltende als auch ableitende Funktionen übernehmen muss. Das kann weder Garten- noch Blumenerde leisten, sodass man auf Spezialsubstrate für Dachbegrünungen (z. B. aus vulkanischem Bims oder Porotonkügelchen) zurückgreifen sollte. Man mischt dem körnigen Material zwischen 30 bis 50% Kompost bei, je nach Nährstoffbedarf der anzubauenden Pflanzen. Ein dickes Dränagevlies unter dem Substrat speichert das Gießwasser eine Weile.

KOMFORTABEL

Ein Pflanztisch aus dem Erwerbsgartenbau, der sich als Tischbeet eignet. Hier liegt die Abflussöffnung meist einige Zentimeter über der Tischplatte, damit das Wasser eine Weile angestaut werden kann.

FROSTFESTE ÜBERWINTERER

FELDSALAT

(Valrianella locusta)
Im Hochbeet: Als Nachfrucht auf allen abgeernteten Beeten ab August bis September in Reihen aussäen.
Nährstoffbedarf: Gering bis mittel, bei Nachkulturen ggf. etwas Kompost zwischen die Reihen streuen.
Gute Nachbarn: Steht im Winter besser alleine, sonst auch im Halbschatten zwischen anderen Salaten und Gemüse.
Weiteres: Bei Schnee mit Gemüsevlies oder einer Frühbeetabdeckung schützen. Bei Tag aufgetaute Pflanzen können den ganzen Winter geerntet werden.

SPINAT

(Spinacea oleracea)
Im Hochbeet: Als Winteraussaat gestaffelt von August bis Oktober aussäen.

Nährstoffbedarf: Humusreicher, feuchter, gemulchter Boden. Bei zu viel Stickstoff bildet sich viel Oxalsäure und Nitrat in den Blättern.
Gute Nachbarn: Erdbeeren, Kartoffeln, Kohl, Radieschen. Gut gegen Erdflöhe und als Bodenbedeckung zwischen den Reihen anderer Kulturen.
Weiteres: Die Wurzeln der bereits nach fünf Wochen erntereifen Pflanzen im Boden lassen, da die enthaltenen Saponine gut für Folgekulturen sind.

WINTERPOSTELEIN, WINTERPORTULAK

(Montia perfolata)
Im Hochbeet: Als Nachkultur ab Juli ins Hochbeet säen. Die kleinen Pflanzen auf circa 20 cm Abstand vereinzeln, sie wachsen im Winter an sonnigen Tagen unter Glas oder Folie weiter.
Nährstoffbedarf: Gering, gegebenenfalls wenig Kompost zwischen die Reihen streuen.
Gute Nachbarn: Steht im Winter besser alleine, sonst auch im Halbschatten zwischen anderen Salaten und Gemüse.
Weiteres: Kann mehrmals geschnitten werden, da die Pflanzen nachwachsen. Die kleinen, weißen Blüten können mitgegessen werden. Sehr vitaminreiche Rohkost.

ZUCKERHUT

(*Cichorium intybus*)
Im Hochbeet: Als Nachfrucht für lückige bzw. abgeerntete Beete im Juni säen und später auf 35 cm Abstand vereinzeln.
Nährstoffbedarf: In der Wachstumsphase hoch, deshalb reichlich Kompost und Pflanzenjauche geben.
Gute Nachbarn: Fenchel, der auch als Nachfrucht wächst.
Weiteres: Ernte ab Oktober, als Salat oder gedünstet zubereiten. Pflanze frosthart bis -8° C, mit der ausgegrabenen, langen Wurzel Lagerung im kühlen Keller möglich.

ENDIVIE

(*Cichorium endivia*)
Im Hochbeet: Im Juni aussäen und bis Anfang August im Abstand von 25 – 30 cm verpflanzen.
Nährstoffbedarf: Hoch, reichlich Kompost und Gesteinsmehl vor dem Pflanzen auf das Beet geben.

Gute Nachbarn: Kohl, Lauch und Fenchel.
Weiteres: Kann bis -5° C draußen bleiben, mit Wurzel auch im kühlen Keller lange lagerfähig. Gegen Fäulnis bei Nässe mit Urgesteinsmehl bestäuben. Gleiches gilt auch für den roten Radicchio (*Cichorium intybus*).

LAUCH

(*Allium ampeloprasum* ssp. *ampeloprasum*)
Im Hochbeet: Lange Standzeit, sehr frostharter, guter Überwinterer. Aus dem Boden schauende Schäfte immer wieder anhäufeln und mit Laub oder Stroh schützen. Langes Laub etwas einkürzen.
Nährstoffbedarf: Hoch während der Wachstumsphase, aber immer nur mäßig und gleichmäßig düngen. Lockerer Boden, gleichmäßig feucht halten.
Gute Nachbarn: Möhren, Sellerie, Kohl, Fenchel, Endivie und Erdbeeren.
Weiteres: Biologischer Anbau und Überwinterung im Freiland verbessern das Aroma, Frost macht ihn süßer.

DEKORATIV & NÜTZLICH

STUDENTENBLUME
(*Tagetes erecta, T. patula*)
Im Hochbeet: Hübsche Einfassungs- und Zwischenpflanzung für alle Kräuter, Salate und Gemüse. Es gibt niedrige und höhere, duftlose und gefüllte Sorten mit Blüten in gelb-, orange, orange-braun und weiß.
Nährstoffbedarf: Gering bis mittel, kommt mit allen Kultursubstraten zurecht.
Gute Nachbarn: Alle Nutzpflanzen, die von den unten genannten Schädlingen befallen werden könnten.
Weiteres: Weiße Fliege, Möhrenfliege und Kohlweißling werden vom Duft der Blüten abgeschreckt. Bringt wandernde Nematoden zum Absterben. Zieht Schnecken an, lenkt sie aber auch von anderen Pflanzen ab.

RINGELBLUME
(*Calendula officinalis*)
Im Hochbeet: Sehr dekorative Bauerngarten-Blume, die jedes

Hochbeet zum Hingucker macht. Blüten leuchten auch an trüben Tagen in sonnigem Orange.
Nährstoffbedarf: Gering bis mittel, sehr anspruchslos.
Gute Nachbarn: Alle Nutzpflanzen und Obstgehölze, da guter Einfluss auf den Boden.
Weiteres: Die einfache, ungefüllte Art ist im Biogarten als Pollen- und Nektarspender wertvoller als die auf Schönheit gezüchteten, gefüllten Sorten.

SCHMALBLÄTTRIGE LUPINE
(*Lupinus angustifolius*)
Im Hochbeet: Als Boden lockernde Gründüngung und Stickstoffbildner für nährstoffarme und verdichtete Hochbeeterde bzw. als 4. Kultur in Fruchtfolgen. Viele Farbvarianten im Handel.
Nährstoffbedarf: Gering, bringt mit den Bakterien in den Wurzelknöllchen selbst Stickstoff in den Boden und lockert ihn.
Gute Nachbarn: Als Gründüngung in Monokultur aussäen. Einzelpflanzen sind dekorative, aber auch Platz raubende Begleitblumen zwischen Schwach- und Mittelzehrern.
Weiteres: Die Bohnen einiger Arten sind giftig und können Allergien auslösen.

BIENENFREUND, PHAZELIA

(*Phacelia tanacetifolia*)

Im Hochbeet: Als Gründüngung, Zwischenkultur und zum Lockern des Bodens sehr wertvoll.

Nährstoffbedarf: Sehr gering, blüht besonders reich auf trockenen Böden.

Gute Nachbarn: Im Hochbeet keine, als Bienentracht (Futterpflanze) auch in Samenmischungen mit Klee und anderen nektarreichen Pflanzen zu haben.

Weiteres: Wertvolle Trachtpflanze für Bienen und Hummeln, Schmetterlinge (hier Schwalbenschwanz) und andere Insekten von Juni bis September. Sehr dekorative, blauviolette Blüten. Vor der Samenreife abschneiden.

KAPUZINERKRESSE

(*Trapeolum majus*)

Im Hochbeet: Nicht rankende und rankende Sorten sind dekorative, teils überhängende Einfassungen. Einjährig, samt sich aber leicht selbst aus.

Nährstoffbedarf: Mittel, humusreich, aber nicht zu nahrhaft, da sonst mehr Blätter als Blüten gebildet werden.

Gute Nachbarn: Obstgehölze, Stangenbohnen, Kartoffeln, Tomaten. Wehrt Blutläuse, Raupen, Schnecken, Ameisen und Mäuse ab.

Weiteres: Blätter, Knospen und Blüten sind essbar, schmecken ähnlich wie Kresse, aber süßlicher. Eingelegte Knospen wie Kapern verwendbar.

GEWÖHNLICHER BEINWELL

(*Symphytum officinale*)

Im Hochbeet: Die Blätter sind als Kaliumlieferant, zum Mulchen und für Jauchen sehr wertvoll. Lieber vor das Hochbeet pflanzen, Schnecken meiden die behaarten Blätter.

Nährstoffbedarf: Mittel, liebt feuchten humosen Boden im Halbschatten. Breitet sich aus, wo es ihm gefällt.

Gute Nachbarn: In violett und blau blühenden Sorten (hier Comfrey) und als Vor- und Unterpflanzung für Bäume und Hecken sehr attraktiv.

Weiteres: Wichtige Bienen- und Hummelpflanze im Spätsommer. Die Blätter können laufend geerntet werden.

AUSDAUERNDES OBST

ERDBEERE

(*Fragaria × ananassa*)

Im Hochbeet: Hier sicherer vor Schnecken, Mäusen und Vögeln, besonders wenn man ein Netz darüber spannt. Hängende Erdbeeren wachsen dekorativ über den Beetrand.

Nährstoffbedarf: Mittel, humose Erde und etwas Kompost zwischen den Reihen. Immer gut mulchen und die Früchte gegebenenfalls mit Stroh vor Erdkontakt schützen.

Gute Nachbarn: Bodendeckende Erdbeersorten sind gut zum Unterpflanzen von Obstgehölzen, ansonsten Zwiebeln, Schnittlauch.

Weiteres: Auf einem breiten Hochbeetrand lassen sich die Töpfchen für die Ableger gut platzieren. Nach 3 bis 4 Jahren sollte man das Beet wechseln und junge Pflanzen setzen. Gute Vorkultur sind Kartoffeln.

JOHANNISBEEREN

(*Ribes rubrum*)

Im Hochbeet: Die Sträucher oder Stämmchen von roten und schwarzen Sorten wachsen gut in niedrigen Hochbeeten ohne Dränage, wo sie im Gartenboden wurzeln können.

Nährstoffbedarf: Mittel, im Herbst Kompost geben und diesen mit Laub oder Holzhäcksel abdecken.

Gute Nachbarn: Immer zwei oder mehr unterschiedliche Sorten zur besseren Befruchtung pflanzen; eine Unterpflanzung mit Wald-Erdbeeren oder Polei-Minze unterdrückt Unkraut.

Weiteres: Das Abernten von Büschen und sogar Stämmchen ist in etwa 40 cm hohen Beeten deutlich leichter. Josta-Beeren haben einen höheren Platz- und Nährstoffbedarf.

STACHELBEERE

(*Ribes uva-crispa*)

Im Hochbeet: In schmalen, halbhohen Hochbeeten am Rand des Gartens lassen sich die kleinen Sträucher gut pflegen und die Früchte abernten.

Nährstoffbedarf: Mittel, im Herbst etwas Kompost geben und diesen mit Laub oder Holzhäcksel abdecken.

Gute Nachbarn: Im Wechsel mit Stämmchen (Stachel- oder Johannisbeeren) lässt sich der Platz besser nutzen.

Weiteres: Rote Sorten haben süßere Früchte, die man auch roh einfrieren kann.

MAIBEERE

(*Lonicera kamtschatica*)
Im Hochbeet: Etwa vier Sträucher für ein niedriges Hochbeet von vier Quadratmeter oder 150 cm Durchmesser in Sonne bis Halbschatten.
Nährstoffbedarf: Mittel, liebt Humus, verträgt auch leicht sauren Boden. Kompost im Herbst und immer Laub oder Holzhäcksel als Mulchdecke.
Gute Nachbarn: Kann auch zwischen Beerenstämmchen (Johannis- und Stachelbeere) wachsen oder mit (Wald-)Erdbeeren unterpflanzt werden.
Weiteres: Boden niemals austrocknen lassen.

HEIDELBEEREN & PREISELBEEREN

(*Vaccinium myrtillus, Vaccinium vitis-idaea*)
Im Hochbeet: Da sie einen humosen und sauren Boden braucht, sind Heidelbeere und ihre Verwandten, wie Preiselbeere,

Goji-Beere und andere, in einem eigenen Hochbeet perfekt aufgehoben.
Nährstoffbedarf: Mittel, im Herbst gegebenenfalls torffreie Spezialerde oder Spezialdünger für Heidelbeeren geben. Nach Kompostgaben immer auf saure Mulchdecke aus Rindenmulch, Laub oder Nadelstreu achten.
Gute Nachbarn: Alle anderen der Gattung *Vaccinium* sowie Wald-Erdbeeren.
Weiteres: Auch Kultur-Heidelbeeren wachsen besser auf leicht saurem Boden.

HIMBEERE

(*Rubus idaeus*)
Im Hochbeet: Mit einem Drahtspalier am schmalen Hochbeet ein guter Sichtschutz an der Gartengrenze. Bei runden Hochbeeten kann man die Kletterhilfe in Form einer rund gebogenen Estrichmatte in die Mitte stellen.
Nährstoffbedarf: Mittel, im Herbst Kompost und Holzasche (Kalium) geben und den Boden immer mulchen.
Gute Nachbarn: Erdbeeren, Ringelblumen und Schnitt-Lauch.
Weiteres: Die späten Herbst-Himbeeren werden nicht vom Himbeerstecher befallen. Auch Dornenlose Brombeere, Thai-Beere und Kiwi wachsen gut in halbhohen Beeten mit Erdkontakt und hoher Kletterhilfe.

KULTUR-METHODEN

Erfolgreich ernten

FRUCHTFOLGE

FRUCHTFOLGEN BEDEUTEN, dass man im Turnus von drei bis vier Jahren keine Pflanzen derselben Anbaugruppe (Wurzelgemüse, Kürbisgewächse, Nachtschattengewächse, Leguminosen) und aus derselben Pflanzenfamilie anbaut. Es bedeutet aber auch, dass man die Pflanzen nach ihrem Nährstoffbedarf im drei- bis vierjährigen Turnus nacheinander auf einem Beet anbaut. Beide Methoden kombiniert, haben den Effekt, dass die Bodennährstoffe optimal genutzt werden. Außerdem verhindert es, dass sich Pflanzenkrankheiten von der ersten auf die folgenden Kulturen verbreiten können.
Dazu unterteilt man sie in Stark-, Mittel- und Schwachzehrer, je nach Bedarf an organischen Nährstoffen, im Wesentlichen Stickstoff.
Starkzehrer brauchen viel davon und müssen auf Beete mit reichlichen Kompostgaben gepflanzt werden. In der Wachstumsphase brauchen sie oft eine zweite Düngung. Mittelzehrer kann man im nächsten Jahr auf das Beet der Starkzehrer vom Vorjahr setzen, ohne dass man es vorher gedüngt hat. Manche Mittelzehrer wachsen aber besser, wenn sie im Sommer nochmal eine kleine Düngergabe bekommen.
Die Schwachzehrer nehmen wiederum im dritten Jahr mit dem Beet der vorjährigen Mittelzehrer vorlieb und brauchen keine weiteren Düngergaben. Bohnen und Erbsen reichern die Erde sogar wieder mit Stickstoff an, den sie mittels Bakterien in ihren Wurzelknöllchen aus der Luft entnehmen und im Boden fixieren können.
Im vierten Jahr kann man auch eine Gründüngung säen, in der Regel wird das Beet aber mit reichlich Kompost versorgt und wieder für die Starkzehrer genutzt.

SCHÄDLINGE AUSTRICKSEN
Gemüse aus der gleichen Pflanzenfamilie (Nachtschattengewächse, Kreuzblütler etc., s. auch S. 98) werden oft von den gleichen Schädlingen befallen. Vermeidet man eine Fruchtfolge mit Pflanzen der gleichen Familie, haben die Schädlinge keine Chance, sich im nächsten Jahr weiter zu vermehren und in noch größerer Zahl über die Pflanzen herzumachen. Gute Fruchtfolgen bewirken sogar, dass die überwinternden Schädlinge im Beet absterben, wenn Pflanzen einer anderen Familie ins Beet kommen. Denn viele Pflanzen scheiden über die Wurzeln und Blätter Stoffe ab, die Bakterien, Pilze und Insekten zum Absterben bringen können.

AUF EINEN BLICK

Starkzehrer	Endivien, alle Kohlarten (außer Kohlrabi), Sellerie, Zuckermais, Porree, Rhabarber, Kürbis, Zucchini, Kartoffel, Artischocke, Tomate
Mittelzehrer	Salate, Mangold, Kohlrabi, Chinakohl, Spinat, Pastinake, Rettich, Rüben, Karotte, Fenchel, Zwiebel, Erdbeere
Schwachzehrer	Feldsalat, Rukola, Radieschen, Petersilie, Schnittlauch u.a. Küchenkräuter, Buschbohnen, Erbsen

Beispiel für eine dreijährige Fruchtfolge für ein Hochbeet von 120 cm Breite und 200 cm Länge. Die Anzahl der gezeigten Kulturpflanzen sollte dabei nicht überschritten werden.

[1] Im ersten Jahr Starkzehrer: Zucchini.

[2] Im zweiten Jahr Mittelzehrer: Kohlrabi (mitte), Kopfsalat (rechts & links davon), Pflücksalat (links), Feldsalat (rechts).

[3] Im dritten Jahr Schwachzehrer: Buschbohnen (mitte), Sommerportulak und Feldsalat (links), Karotten (rechts).

MISCHKULTUR

HIER MISCHT MAN PFLANZEN aus unterschiedlichen Pflanzenfamilien (s. auch Tabelle rechts) so miteinander, dass der Platz im Hochbeet möglichst optimal genutzt wird. Die optimale Nutzung ist erstens eine zeitliche, indem man früh mit dem Säen bzw. Pflanzen beginnt und abgeerntete Plätze direkt wieder einsät oder bepflanzt. Zweitens ist sie auch eine räumliche, wenn man die Pflanzen so kombiniert, dass man sie möglichst dicht pflanzen kann. Und drittens hilft eine gute Mischkultur, die Pflanzen gesund zu halten, da sie sich gegenseitig Schädlinge vertreiben können.

ERGÄNZEN UND HELFEN

Alle Pflanzen geben Duftstoffe über ihre Blätter oder Ausscheidungen über ihre Wurzeln ab. Diese locken bestimmte Schädlinge an und wehren andere ab. Ein bekanntes Beispiel sind Zwiebeln und Möhren, die sich über Blattstoffe gegenseitig Möhren- und Zwiebelfliegen vertreiben. Viele intensiv duftende Stauden, Teepflanzen, Küchenkräuter und mediterrane Würzkräuter verwirren mit ihrem Duft Schadinsekten wie Erdflöhe und Falter. In Mischkultur tragen sie deshalb zur Schädlingsabwehr bei (s. auch S. 62). Pflanzen aus unterschiedlichen Familien können sich sogar gegenseitig fördern, z. B. durch Beschattung oder Wurzelgeflechte, die sie miteinander bilden. Am besten probiert man die empfohlenen Pflanzengemeinschaften selbst aus und beobachtet die Ernteerfolge.

AUF EINEN BLICK

PFLANZENFAMILIE	PFLANZEN
Lauchgewächse (*Alliaceae*)	Zwiebel, Frühlingszwiebel, Winterheckzwiebel, Knoblauch, Schnittlauch
Kreuzblütengewächse (*Brassicaceae*)	Kohl, Blumenkohl, Brokkoli, Kohlrabi, Rauke
Doldenblütengewächse (*Apiaceae*)	Dill, Fenchel, Karotte, Kerbel, Koriander, Petersilie, Sellerie
Korbblütengewächse (*Asteraceae*)	Estragon, Endivie, Kopfsalat, Romanasalat, Pflücksalat, Löwenzahn
Gänsefußgewächse (*Chenopodiaceae*)	Mangold, Rote Bete, Spinat
Kürbisgewächse (*Cucurbitaceae*)	Gurke, Zucchini, Kürbis, Melone
Schmetterlingsblütler (*Fabaceae*)	Bohnen, Erbsen
Lippenblütler (*Lamiaceae*)	Bohnenkraut, Ysop, Zitronenmelisse, Thymian, Salbei, Basilikum
Portulakgewächse (*Portulacaceae*)	Portulak
Nachtschattengewächse (*Solanaceae*)	Kartoffel, Tomate, Aubergine, Paprika
Baldriangewächse (*Valerianaceae*)	Feldsalat
Knöterichgewächse (*Polygonaceae*)	Sauerampfer, Rhabarber
Rosengewächse (*Rosaceae*)	Pimpinelle, Apfel, Birne, Kirsche, Aprikose, Pfirsich, Pflaume, Mirabelle

[1] Mischkultur im Querschnitt Wenn sich die Pflanzen oberirdisch und unterirdisch ergänzen, kann man sie in Mischkultur dichter pflanzen als in Monokultur. Sie bleiben gesünder und Schädlinge haben weniger Chancen, sich auszubreiten. Die schnellen Radieschen machen bald Platz für das Wachstum der langsameren Salate.

[2] Reihenkultur mit Salat Die bunten Blattsalate machen bereits im Hochbeet Appetit. Nach der baldigen Ernte sind Buschbohnen und Schnittsalat als Folgekulturen geplant.

REIHENKULTUR

BEI DIESER KULTURFORM sät oder pflanzt man die Kulturen in nebeneinander liegende Reihen mit den auf den Samentüten angegebenen Abständen. Diese Kulturform eignet sich gut für rechteckige längliche Hochbeete. Wechselt man die Pflanzenart in jeder Reihe, erhält man eine übersichtliche Mischkultur und kann den Reihenabstand auch etwas verringern, als üblicherweise angegeben. Denn die Pflanzen sollten sich ober- und unterirdisch ergänzen und so den begrenzten Platz im Hochbeet optimal nutzen. In der Hauptkulturzeit steht die Sonne so hoch, dass die Ausrichtung des Hochbeets bzw. der Pflanzenreihen keine große Rolle spielt. Dennoch sollte man bei der Mischung hoher und niedriger Pflanzen darauf achten, dass sie sich nicht zu sehr beschatten, sofern alle sehr sonnenhungrig sind. Es gibt aber auch Gemüse, das dankbar für etwas Schatten zwischen anderen Kulturen ist, z.B. Mangold und Rote Bete. Angelehnte Hochbeete vor einer Wand richtet man so aus, dass die Breitseite nach Süden zeigt. Die höheren Kulturen werden im Hintergrund, die niedrigen am vorderen Beetrand gepflanzt.

ÜPPIGE ERNTE

Unterschiedliche Vegetationszeiten lassen in Beeten mit Mischkultur immer wieder Lücken entstehen, in die man problemlos nachpflanzen kann. Je nach Nährstoffanspruch mischt man vorher etwas Kompost unter die Erde.

VOR- UND HAUPTKULTUREN
Um die Anbaufläche optimal auszunutzen, lohnt es sich, bereits im März mit vorgezogenen Pflänzchen und frostharten Saatreihen zu beginnen. Hier kann man meist fünf Reihen im 120 cm breiten Hochbeet unterbringen. Der Abstand der kurzen Nebenkulturen richtet sich dabei nach der Hauptkultur in der Mitte des Beets, die lange stehenbleibt. Oft bleibt sogar noch Platz für zwei Reihen Radieschen, sodass kurzzeitig sieben Pflanzenreigen im Beet stehen. Bereits Ende Mai räumen die Vorkulturen das Beet und machen Platz für zwei weitere Reihen spätfrostgefährdeter Gemüsearten. Diese sollten aus einer anderen Pflanzenfamilie stammen (s.S. 96/97). Je nach Nährstoffbedarf wird der Boden vorher mit einer Gabe Kompost gedüngt.

MISCHKULTUR VON FRÜH BIS SPÄT

VORKULTUR	NACHKULTUR
Rote Bete + Blumenkohl (Brokkoli)	Radicchio + Winter-Porree (Kohl bleibt)
Kopfsalat + Kohlrabi	Schnittsalat + Buschbohnen
Kohlrabi + Salat + Radieschen	Sellerie + Buschbohnen + Feldsalat
Kohl + Salat + Kohlrabi + Radieschen	Endivien + Spinat (Kohl bleibt)
Frühkartoffeln + Koriander	Winterrettiche + Endivien
Frühe Erbsen + Salat + Radieschen	Spinat + Endivien + Feldsalat

QUADRAT- UND KREISGÄRTNERN

QUADRATISCHE UND RUNDE HOCHBEETE kann man sehr dekorativ bepflanzen, wenn man die Form des Hochbeetes aufgreift. Bei runden oder ovalen Hochbeetformen sehen konzentrische Kreise sehr hübsch aus. Bei quadratischen Beeten kann man die Form im Viereck pflanzen. Rechteckige Beete unterteilt man in mehrere Quadrate und bepflanzt diese mit unterschiedlichen Arten und Sorten. So erhält man übersichtliche Mischkulturn, in denen sich auch Anfänger gut zurechtfinden.

QUADRATISCHE MISCHKULTUR

Beim Gärtnern im Quadrat werden die Quadrate mit schmalen Leisten oder Schnüren im Beet markiert (s. auch S. 34/35). Oder man ritzt einfach eine Rille in das Substrat und teilt das Beet auf diese Weise ein. In jedes Quadrat sät oder setzt man eine bis mehrere Pflanzen der gleichen Art, je nach Größe. Diese Form der Mischkultur eignet sich sehr gut, wenn man viele verschiedene Pflanzen zeitlich gestaffelt anbauen möchte. Ist ein Quadrat frei geworden, kann man es mit vorgezogenen Pflänzchen einer anderen Pflanzenfamilie gleich wieder belegen. Im Grunde gleicht das Quadratgärtnern dem traditionellen Gärtnern in Parzellen, nur im Miniformat und dass hier keine Wege dazwischen frei gehalten werden müssen. Für Hochbeete mit einer ergonomisch günstigen Breite von 120 cm beträgt das Parzellenmaß 40 x 40 cm. Auf jeder Parzelle wachsen je nach Pflanzengröße 1, 5, 9 oder auch 16 Pflanzen. Solche, die man auch jung ernten und essen kann, lassen sich von anfangs neun auf spätere vier oder fünf Pflanzen ausdünnen. Sehr kleine Pflanzen wie Radieschen, Pflücksalat oder Kräuter kann man in Reihen (quer oder längs) oder ohne Raster breitwürfig aussäen. An den Ecken des Hochbeets kann es sinnvoll sein, eine Pflanze asymmetrisch zu pflanzen, besonders wenn es sich um eine überhängende Art beziehungsweise Sorte handelt.

DIE ZEIT OPTIMAL NUTZEN

Alle Nutzpflanzen haben unterschiedliche Kulturzeiten. Es ist also sinnvoll, sich bereits vor dem Ernten über die Nachpflanzung auf den Parzellen Gedanken zu machen. Dabei sollte man auch auf den empfohlenen Fruchtwechsel achten und nicht Pflanzen der gleichen Familie nacheinander auf einer Parzelle anbauen.
Bei wenig Anbaufläche ist es sinnvoll, immer genügend Pflänzchen in der Saatschale keimen zu lassen. Wenn man sie nach dem Pikieren in kleine Töpfe setzt, hat man immer Pflänzchen zum Nachpflanzen, wenn auf dem Hochbeet eine Lücke entstanden ist. Beim Quadratgärtnern wartet man, bis eine Parzelle frei geworden ist. Dann lockert man den Boden, gibt etwas reifen Kompost hinzu und bepflanzt sie mit der zur bereits geernteten Vorkultur und den Nachbarparzellen passenden Pflanzen. Findige Quadratgärtner basteln sich einige passende Hauben aus Leisten und Folie, mit denen sie einzelne quadratische Parzellen abdecken können. So können die kleinen Pflänzchen auf dem Hochbeet abgehärtet werden.

Bei einem Hochbeet (200 x 120 cm) ist in jeder Parzelle (40 x 40 cm) Platz für:

1 x Brokkoli
(Eckparzelle oben links)

16 x Karotten
(darunter links)

25 x Feldsalat
(darunter links)

9 x Spinat
(darunter links)

1 x Zucchini
(Eckparzelle unten links)

5 x Buschbohnen
(mitte, mit Rankhilfe)

30–40 x Radieschen
(Eckparzelle oben rechts)

4 x Romana-Salat
(darunter rechts)

4 Reihen Pflücksalat
(rot)

4 Reihen Pflücksalat
(grün)

1 x Kopfsalat
(Eckparzelle unten rechts)

GUTE UND SCHLECHTE NACHBARN

ES GIBT EINE VIELZAHL von Möglichkeiten, Pflanzen miteinander zu kombinieren. Die Tabelle ist nur ein Anhaltspunkt und kann gerne abgewandelt werden. Letztlich muss jeder Gärtner selbst ausprobieren, was bei ihm im Beet gut zusammenpasst. Schließlich sollen die Kombinationen auch zu den eigenen Vorlieben und dem Speiseplan der Familie passen.

Doch einige besonders ungünstige Kombinationen sollte man sich merken, um Misserfolge zu vermeiden. Neben Pflanzen, die zur gleichen Familie gehören (s. auch S. 98), sind das die hier Aufgeführten, von deren Unverträglichkeit viele Berufs- und Hobbygärtner seit langem überzeugt sind. In manchen Fällen ist die Unverträglichkeit wissenschaftlich nachgewiesen, in anderen weiß man (noch) nicht, was die Pflanzen aneinander stört.

Gute Nachbarschaft kann auf gegenseitiger Förderung beruhen, zum Beispiel durch Wurzelausscheidungen im Boden, die positiven Einfluss auf die Nachbarpflanzen haben. Es gibt sogar geschmackliche Beeinflussungen, z. B. bei Frühkartoffeln, die zusammen mit Kümmel oder Koriander angebaut werden, oder Dill und Möhren sowie Kresse und Radieschen, die man zusammen säen kann.

KRÄUTER DUFTEN SCHÄDLINGE WEG

Oft beruht gute Nachbarschaft auf dem Vertreiben von Schädlingen, wie es bei vielen aromatischen Kräutern der Fall ist. So vertreibt Schnittsellerie Erdflöhe und Thymian und Minzen lenken durch ihren Duft den Kohlweißling von den Kohlpflanzen ab. Bohnenkraut vertreibt die schwarzen Läuse von den Bohnen und Kresse sowie Kapuzinerkresse schützen Tomaten (und Obstbäume) vor Blatt- und Blutläusen. Dill wächst gut zwischen Gurken, mit dem er auch nach unserem Geschmack zusammenpasst. Alle Zwiebelpflanzen, wie Lauch, Schnittlauch, Frühlingszwiebeln und Knoblauch, vertreiben durch ihren Duft ebenfalls Schädlinge. Da man von ihnen in der Küche nie genug haben kann, sollte man sie zwischen die anderen Kulturen setzen (außer bei Kohl und Buschbohnen).

EIGENE ERFAHRUNGEN SAMMELN

Wer seine Nutzpflanzen biologisch anbaut, wird bald selbst experimentieren und das eine oder andere Würzkraut mitten unter die Gemüse und Salate pflanzen. Man kann die Kräuter aber auch in Töpfen dazwischen stellen oder vorübergehend eingraben, wenn die Bodenverhältnisse nicht zusammenpassen.

Machen Sie sich eine eigene Tabelle und tragen Sie dort Ihre Erfahrungen zu guter und schlechter Nachbarschaft ein. Manchmal liegt es auch an den Witterungsbedingungen, dass die Pflanzen nicht gut gedeihen oder Schädlinge überhand nehmen. Doch meistens ist es das Umfeld der Pflanzen, besonders die Bodenbedingungen und Nachbarpflanzen, welches der Gärtner, im Gegensatz zum Wetter, durchaus positiv beeinflussen kann.

Tabellenerklärung (+ günstige Kombination, − ungünstige Kombination, ☐ neutrale Kombination) Die Bewertung einer Kombination gilt immer aus der Sicht der Pflanze in der senkrecht verlaufenden Spalte. Für Karotten (siehe linke Spalte) eignen sich als Nachbarpflanzen z. B. Chicoree, Endivien, Erbsen und Mangold. Petersilie und Rote Bete haben dagegen einen ungünstigen Einfluss. Aber dafür wirken sich Karotten günstig auf das Wachstum von Porree und Salat (siehe linke Spalte) aus.

	Auberginen	Bohnen	Brokkoli	Chicoree	Chinakohl	Endivien	Erbsen	Erdbeeren	Fenchel	Gartenmelde	Grünkohl	Gurken	Karotten	Kartoffeln	Knoblauch	Kohl	Kohlrabi	Mangold	Petersilie	Porree	Radieschen	Rettiche	Rote Bete	Salat	Schwarzwurzeln	Sellerie	Spinat	Tomaten	Zucchini	Zuckermais	Zwiebeln
Auberginen																												−			−
Bohnen				+		+						+		+		+	+	+		−		+		+			+	+	+		
Brokkoli						+								+								−		+		+					
Chicoree		+							+				+										+	+				+			+
Chinakohl																						−									
Endivien		+	+						+		+		+				+			+		+						+			
Erbsen									+			+	+			+	+			−		+	+	+			+	−	+		−
Erdbeeren																	−														+
Fenchel				+		+	+										−			+									+		
Gartenmelde																	+										−		+		
Grünkohl						+																									
Gurken		+					+										+					−		+				+			+
Karotten				+		+	+											+	−	+			−	+		−					
Kartoffeln		+	+														+						−					−			−
Knoblauch																				−											
Kohl		+					+										−	+				−		+							
Kohlrabi		+				+	+	−	−	+		+		+		−		+		+		−	+	+				+			+
Mangold		+											+			+	+					+	−	+			−				
Petersilie													−											−							
Porree		−				+	−		+				+		−		+					+	−	+		+	+	+			
Radieschen																						−		+							
Rettiche		+	−		−	+	+					−				−	−	+		+	−										−
Rote Bete				+			+						−	−			+	−		−							−	−		−	
Salat		+	+	+			+					+	+			+	+	+	−	+	+					−	−	+			+
Schwarzwurzeln																															+
Sellerie			+										−							+				−				+			+
Spinat		+					+			−								−		+			−	−					+		−
Tomaten	−	+		+		+	−					+		−			+			+			−	+		+				−	+
Zucchini		+					+		+	+																	+			+	+
Zuckermais																							−					−	+		
Zwiebeln	−			+			−	+				+		−			+					−		+	+	+	−	+	+		

[1] Süße Möhren Frühe Karotten kann man bereits vor den Sommerferien ernten. Diese Exemplare sind zwar nicht optimal gewachsen, schmecken aber garantiert doppelt so gut wie gekaufte.

[2] Auf Hilfe bauen Viele Schulgärten haben Senioren als Paten, die sich in den Ferien um das Gießen der Beete kümmern. Und von der Zusammenarbeit mehrerer Generationen profitieren nicht nur die Pflanzen.

[3] Gute Kooperation Glücklich, wer einen netten Nachbarn/eine nette Nachbarin hat, der/die sich in der Ferienzeit um die Hochbeete kümmert. Darf er/sie auch ernten, finden bestimmt beide Seiten Gefallen an der Kooperation.

HOCHBEETE TROTZ SOMMERFERIEN?

VIELE MENSCHEN LASSEN SICH vom eigenen Nutzgarten abhalten, weil sie im Sommer verreisen möchten. Sie glauben, dass ohne ausgeklügelte Bewässerungstechnik oder ohne einen zum Gießen bereiten Nachbarn, nichts wachsen könne. Auch die Anlage eines Schulgartens scheitert oftmals an der Problematik der sechswöchigen Sommerpause. Doch es gibt viele Kulturpflanzen, die trotzdem im Garten und besonders in Hochbeeten angebaut werden können.

FRÜHE GENÜSSE

Von vielen gibt es frühe Sorten mit kurzer Entwicklungszeit. Radieschen, Salate, Kohlrabi, Möhren und Buschbohnen, die im Frühjahr gesät werden, können bereits vor den Sommerferien geerntet werden. Vorkultur im Haus auf der Fensterbank oder im Gewächshaus verfrühen die Ernte nochmals um einige Tage bis Wochen. Nach den Ferien können die abgeernteten Beete wieder genutzt werden (s. auch S. 112/113 Vor- und Nachkultur). Zweijährige wie Petersilie kann man ebenfalls früh ernten, genauso wie Rauke und Kresse. Aber auch Ausdauernde, wie Minze und Zitronen-Melisse, sind bereits ab Mai/Juni genussreif und können in den Ferien sich selbst überlassen werden.

SPÄTE SORTEN UND WINTERSCHLÄFER

Spinat, Feldsalat, Portulak und Löffelkraut werden erst nach den Sommerferien gesät und im Herbst und Winter geerntet. Sie bedecken die Beete und können selbst bei Schnee geerntet werden, wenn man das Hochbeet mit einem Vlies, einer gelochten Folie oder passenden Frühbeetscheiben abdeckt. Es gibt aber auch solche, deren Entwicklung im Winter ruht und die erst im nächsten Frühjahr weiterwachsen. Sie können dann vor den nächsten Sommerferien geerntet werden. Dazu gehören die Winterheckzwiebeln, Maiwirsing, einige Mangoldsorten und Wintersalate. Man bekommt sie meist nur in speziellen Samenhandlungen, übers Internet oder beim Verein zur Erhaltung der Nutzpflanzenvielfalt (VEN) (s. auch S. 122).

GEMÜSE FÜR FAULE

Kartoffeln, Stangenbohnen und Zuckermais können im Sommer getrost sich selbst überlassen werden. Sie nehmen mit dem Regen vorlieb, der vom Himmel fällt, und brauchen keine Extragaben aus der Gießkanne. Voraussetzung ist eine humose, etwas lehmige Erde, die gut Wasser speichert, und eine dicke Mulchdecke aus Laub, Holzhäcksel oder Kompost.
Auch späte Erdbeersorten kann man sich selbst überlassen, schützt sie aber besser mit einem Vlies oder Netz vor diebischen Vögeln. Eine Strohpackung zwischen den Reihen hält den Boden feucht und die Früchte trocken.
Inzwischen gibt es wieder viele Schulgärten, die das Sommerferienproblem auf unterschiedliche Weise lösen. Auf Fortbildungen der Pädagogischen Landesinstitute u.a. Lehrerbildungseinrichtungen kann man die Modelle kennenlernen (s. auch S. 124 bei Vereine & Verbände).

ERNTE AUF KLEINER FLÄCHE

ANFÄNGER MIT NUR EINEM HOCHBEET fühlen sich oftmals von der Fülle an Arten und Sorten von Nutzpflanzen überfordert. So kaufen sie einfach ein paar vorgezogene Pflanzen und setzen sie ins Beet. Zum Ausprobieren, wie es mit dem Hochbeet klappt, ist diese Methode sicher nicht schlecht. Doch die angebotenen Pflanzen sind oft die gleichen Sorten, die man zur Erntezeit auch im Supermarkt preiswert bekommt. Deshalb ist es sinnvoller, solche Gemüse anzubauen, die man im Supermarkt nicht bekommt.

DIE FRISCHE MACHT'S

Küchenkräuter, Rauke und Kopfsalate sind oftmals bereits zwei bis drei Tage alt, bevor sie im Laden angeboten werden können. Mit nur einem Hochbeet sollte man nun genau diejenigen Nutzpflanzen und Kräuter anbauen, die im Sommer möglichst frisch auf dem Teller landen sollen. Denn die Mengen an Salat, die ein Hochbeet liefert, reichen für die meisten Familien keineswegs aus. Aber man kann mit selbst Angebautem viele gekaufte Salate und Gemüse würzen und ihnen eine ganz eigene Geschmacksnote verleihen. So schmeckt ein Eisbergsalat aus dem Supermarkt viel würziger, wenn man ihn mit reichlich eigenen Kräutern und Rauke anmacht. Und auch so manches Gemüsegericht bekommt mit der Kombination und Dekoration aus eigenen Blättern und Blüten erst den richtigen Pep. Zudem wird die Fantasie beim Kochen angeregt, wenn man vorher mal kurz beim eigenen Hochbeet vorbeischaut und das eine oder andere in die Küche mitnimmt.

VORRAT ZÜCHTEN

Anfänger kaufen oder ziehen meist zu viele Pflänzchen. Deshalb ist es sinnvoll, ein paar Kübel mit Substrat bereitstehen zu haben, in die man weitere Pflanzen setzen kann. So kann man auch Ausfälle im Beet kompensieren und entstandene Lücken jederzeit schließen.

DAS HOCHBEET ERGÄNZEN

Schon bald wird man merken, dass man mehr Kräuter und Gewürze, Salate und vielleicht auch kleine Gemüse anbauen möchte. Dann lohnt es sich, das Hochbeet um Kübel zu ergänzen, in denen man all das anbaut, was auf dem Hochbeet keinen Platz mehr findet (s. auch S. 52). So ist man flexibel und kann in Jahren, wo die Zeit dafür nicht ausreicht, auf die Bepflanzung der Kübel verzichten.

Die Erfahrung zeigt, dass ein Hochbeet meist nicht alleine bleibt. Wenn Sie mit einem Beet beginnen wollen, sollten Sie dennoch bedenken, dass es wahrscheinlich bald „Nachwuchs" bekommt. Deshalb ist es immer sinnvoll, bei der Standortwahl an eine Hochbeetgruppe zu denken, damit die praktischen Beete nicht wahllos verteilt an unterschiedlichen Orten im Garten stehen.

[1] Jeder fängt mal klein an Dieses kleine Hochbeet für Kinder kann jederzeit aufgestockt und an die Körpergröße angepasst werden. Es kann aber auch als niedriges Hochbeet für hohe Pflanzen, wie zum Beispiel Tomaten, genutzt werden.

[2] Praktische Form In diesem kleinen Hochbeet wachsen Salat und die Radieschen für die nächsten Tage. Die rechteckige Form passt überall hin, lässt sich aber auch gut zu mehreren oder an der Grundstücksgrenze aufstellen.

[3] Platzwahl Soll es nur ein großes Hochbeet sein, sollte der Platz so gewählt werden, dass es zum Schmuckstück des Gartens wird. Die Gehölze dahinter sind ein schöner Hintergrund und die immergrüne Buchshecke rahmt es auch im Winter schön ein.

[1] Zutaten für Grüne Soße Auf einem runden Beet von etwa 130 cm Durchmesser kann man viele Küchenkräuter anbauen. Hier sind es die sieben für die Grüne Soße: [A] Petersilie, [B] Schnittlauch, [C] Sauerampfer, [D] Kerbel, [E] Borretsch, [F] Dill und [G] Kresse.

[2] Mediterrane Würzkräuter Thymian, Salbei und Rosmarin schmecken während ihrer Blüte besonders intensiv. Die Blüten lassen sich ebenfalls verzehren und als Dekoration für Speisen, Tees und Drinks verwenden. Getrocknet erinnern sie auch im Winter an den Sommergenuss.

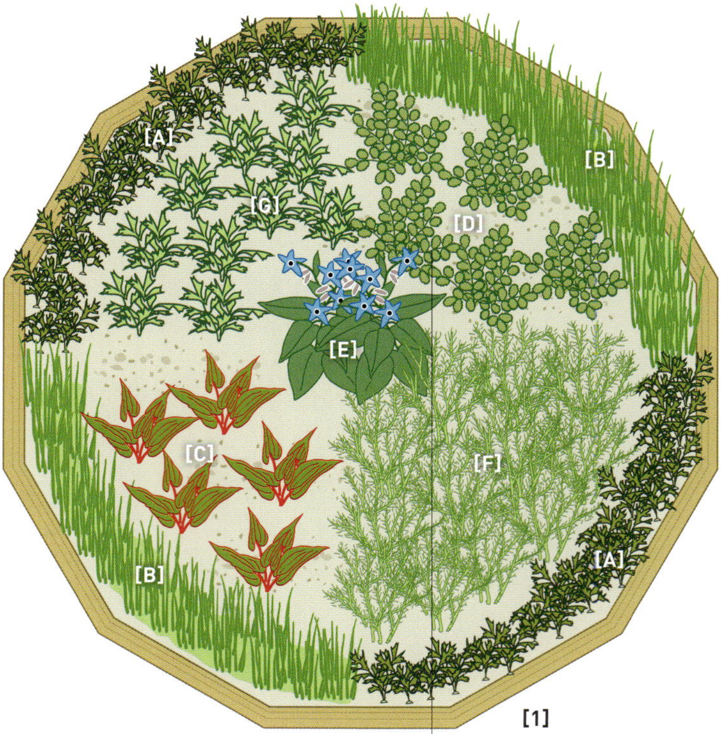

[1]

[2]

FRISCHE KRÄUTER STETS ZUR HAND

WER MIT EINEM HOCHBEET beginnen möchte, zieht in der komfortablen Höhe am besten diejenigen Küchenkräuter, die fast täglich in der Küche gebraucht werden. Da es ein-, zwei- und mehrjährige Arten gibt, muss die begrenzte Beetfläche gut eingeteilt werden. Als Standort für die Küchenkräuter ist ein sonniger bis halbschattiger Platz in der Nähe der Küche ideal. Ob das auf der Terrasse oder im Vorgarten ist, muss von Fall zu Fall entschieden werden.

MEHRJÄHRIGE IN DIE MITTE

Ausdauernde wie Schnittlauch stehen gut in der Mitte, da sie am wenigsten Pflege benötigen. Gibt es aber ein schattiges Plätzchen im Beet, kann man den Schnittlauch auch dorthin setzen. Als Einrahmung für das Beet eignet er sich ebenfalls, zumal die Blüten sehr dekorativ sind.
Der große, üppig wachsende Sauerampfer eignet sich ebenfalls für die Beetmitte. Kleiner und dekorativer sind die rotblättrigen Sorten, die sich auch am Beetrand oder in einer Beetecke hübsch ausnehmen. Ebenfalls klein und nur für den Beetrand geeignet ist die Pimpinelle.

ZWEIJÄHRIGE AN DEN RAND

Petersilie muss spätestens alle zwei Jahre neu ausgesät werden und dabei den Platz wechseln. Ihr kann man eine Reihe am Rand zuweisen, die man jedes Mal wechselt, am besten im Turnus von drei bis vier Jahren. Oder man sät jedes Jahr eine neue Reihe an einen der vier Beetränder, sodass man stets eine vor- und eine diesjährige Pflanzenreihe hat.

Die würzige Rauke gibt es unter gleichem Namen in unterschiedlichen Varianten. Man sollte erst zwei- und einjährige Rauken ausprobieren, bevor man sich für die bevorzugte Variante entscheidet.

EINJÄHRIGE NACH HÖHE SORTIEREN

Viele einjährige Küchenkräuter müssen jedes Jahr neu ausgesät werden. Der Borretsch sät sich auch selbst aus, wenn man einige Pflanzen zum Blühen und zur Samenreife kommen lässt. Sie stehen dann im Sommer irgendwo im Beet, stören dort aber aufgrund ihrer hohen, schlanken Gestalt selten.
Dasselbe gilt für Dill, nur dass man sich nicht immer auf die Selbstaussaat verlassen kann. Hier lohnt sich das Vorkultivieren und spätere Auspflanzen, sonst ist der halbe Sommer herum, bis man ihn ernten kann.
Auch Kerbel keimt sehr langsam, lässt sich aber besser verpflanzen. Eine Variante ist auch, die Einjährigen in Töpfen zu ziehen und diese ins Beet zwischen die anderen Kräuter zu stellen oder, Wasser sparender, einzugraben.
Die Kresse (*Lepidium*) zieht man am besten aus Samen in der Küche auf feuchtem Küchenpapier, da die kleinen Keimlinge im Beet schnell verschmutzen. Im Gegensatz zur kleinen, einjährigen Kresse ist die Ausdauernde Gartenkresse (*Lepidium latifolium*) ein Kandidat für einen hohen Extrakübel. Denn ihre langen Wurzeln verbreiten sich überall im Beet und die Pflanze taucht unvermittelt auf, wo man sie nicht vermutet.

BUNTES HOCHBEET FÜR SALAT-FANS

OBWOHL DIE MEISTEN BLATTSALATE aus der Familie der Korbblütler stammen, kann man sie zusammen in ein Beet setzen. Pflanzt man zwischen die Reihen Blattkohlarten oder Mischungen mit Rettich als Pflücksalat, ist die Mischkultur perfekt, da es sich bei Letzteren um Kreuzblütler handelt. Im Spätsommer kann dann Feldsalat aus der Familie der Baldriangewächse gesät werden, sodass eine sinnvolle Kulturfolge mit unterschiedlichen Familien eingehalten wird.

Für den langsam wachsenden Endiviensalat und Radicchio wählt man einen Platz in der Mitte des Hochbeets. Sie brauchen eine Extragabe Kompost im Sommer, die man leicht geben kann, wenn die schnelleren Kopfsalate daneben abgeerntet werden. Dann haben sie auch den Platz, den sie ausgewachsen brauchen. Die späten Sorten kann man bis zum ersten Frost auf dem Beet lassen und zusammen mit der Winterkultur aus Feldsalat mit einem Vlies abdecken. Große Köpfe bildende Sorten pflanzt man am besten rund um die Zichoriensalate, denn sie werden schnell reif. Neben dem bekannten grünen Kopfsalat gibt es auch rötliche Sorten mit unterschiedlich dicken Blättern, wie zum Beispiel den Eisbergsalat. Bindesalate, wie der Römische Salat, bilden schmalere, höhere Köpfe, wenn man die Blätter beizeiten zusammenbindet. Man verwendet meist nur das Salatherz, da die äußeren Blätter ledrig sind. Alle Kopfsalate werden ganz geerntet, bevor sie in die Höhe schießen, da sie dann bitter werden. Späte Sorten setzt man in die frei gewordenen Lücken.

SCHNITT- UND PFLÜCKSALATE

Die oft rötlich gefärbten, gewellten oder geschlitzten Blätter von Eichblatt-, Eichenlaub- und Kraus-Salat können dagegen mehrfach geerntet beziehungsweise abgeschnitten werden, und die Blätter schmecken auch noch, wenn der Mitteltrieb anfängt, in die Höhe zu schießen. Da alle Sorten sehr dekorativ sind, sollten sie zwischen den Kopfsalaten oder am Rande des Beetes stehen.

Pflücksalat-Mischungen, die man in Reihen aussät und bereits im Jugendstadium nach vier bis fünf Wochen abschneidet, stehen am besten am Beetrand, wo man die Reihen leicht säen und ernten kann. Die Mischungen aus grünen und roten Blättern sehen meist sehr dekorativ aus. Asiatische Salatmischungen bestehen aus einer Mischung von Kohl-, Senf- und Rettich-Arten, deren Blätter im Jugendstadium wie Pflücksalat geerntet werden. Da sich Kohl und Kopfsalat positiv beeinflussen, lohnt sich der Anbau zusammen mit anderen Salaten.

FELDSALAT IM WINTER

Im Salat-Hochbeet kann man sogar im Winter weiterernten, wenn man ab Spätsommer Feldsalat auf alle frei gewordenen Stellen sät. Vorher sollte man die Erde nur leicht lockern und keinesfalls Kompost geben, denn Feldsalat mag nicht zu viele Nährstoffe. Man kann ihn in ordentlichen Reihen oder breitwürfig aussäen und nach dem Keimen vereinzeln. Man kann die kleinen Rosetten sogar vorziehen und umpflanzen, wenn das Beet noch belegt ist.

[1] Salate im Frühjahr In einem Hochbeet von 120 cm Breite kann man sechs Reihen Salate säen bzw. pflanzen und sogar noch Radieschen dazwischen säen. Im Mai/Juni sind die ersten Kopfsalate und Radieschen bereits erntereif und machen Platz für langsam wachsenden Endivien und Radicchio. Die Pflücksalate und der Rucola werden laufend geschnitten und bis zum Herbst geerntet.

[2] Salate im Sommer Im August und September wächst der Pflücksalat trotz laufender Erne weiter, Kopfsalat und Radieschen wurden geerntet und machen Platz für Endivie und Radicchio. Wenn die Tage wieder kürzer werden, kann Feldsalat Reihe für Reihe in die freien Flächen gesät werden. Je nach Sorte (ein- oder zweijährig) bleibt der Rucola über Winter stehen oder wird ebenfalls durch Feldsalat ersetzt.

ZARTES GEMÜSE FÜR KINDER

HOCHBEETE FÜR KINDER sollten etwas niedriger und schmäler sein als solche für Erwachsene. 60 cm Höhe, 80 bis 90 cm Breite und eine Länge von 100 bis 150 cm sind ausreichend, eine Vielfalt von kindgerechtem Gemüse anzubauen.
Am besten orientiert man sich an den Vorlieben der Kinder, die, wie allen Eltern bekannt, von Jahr zu Jahr wechseln können. Die Beispiele können also nur Anhaltspunkte liefern. Das Quadrat-Gärtnern auf 30 bis 40 cm großen abgesteckten Parzellen (s. auch S. 102) eignet sich besonders gut, damit Kinder den Überblick behalten. Sie können eine eigene Zeichnung anfertigen und z. B. Saattermine und Erntemengen darin festhalten.

KINDGERECHTE GENÜSSE

Obwohl Radieschen nicht unbedingt zu den Lieblingsgemüsen von Kindern zählen, sollte man sie unbedingt aussäen, denn sie keimen und wachsen schnell. Ungeduldige Kinder haben so schnelle Erfolge, wenn sie die Anbauregeln beachten. Außerdem ist die Parzelle bald wieder frei für andere Pflanzen. Ein langsameres Wurzelgemüse ist die frühe Karotte, die man als runde, walzenförmige oder auch lange Möhre säen kann. Sie wird von allen Kindern gerne gegessen. Kleine, zarte Kohlrabi werden von Kindern am liebsten roh mit Dip verspeist. Ebenfalls lecker und immer wieder zum Wundern sind selbst gesteckte Kartoffeln, besonders wenn es sich um gelbe, blaue, runde und längliche handelt.
Salate und Blattgemüse sind bei Kindern meist nicht so beliebt. Hier sollte man es einmal mit Mini-Salaten zum Dippen probieren.

SÜSSE FRUCHTGEMÜSE

Fast alle Kinder lieben kleine Tomaten, wenn sie reif und süß sind und selbst gepflückt werden dürfen. So lohnt es sich, eine Parzelle für eine kleine Buschtomate zu reservieren. Eine passende Schutzhaube in Parzellengröße kann man ganz einfach aus Leisten und Folie zusammen mit den Kindern basteln.
Ein Rankgerüst an einer Schmalseite des Hochbeets ermöglicht den Anbau rankender Gemüse wie Erbsen, Gurken und kleinerer Kürbisse. Bereits beim Bau des Hochbeets wählt man dazu zwei Eckpfosten in etwa 120 cm Länge. Ein Gitter oder Nylonnetz dazwischen dient dann als Rankgerüst für das Klettergemüse. Da solch ein Hochbeet optisch an ein kleines Bett erinnert, finden es Kinder sehr lustig. Vielleicht erschließt sich ihnen so auch das Zudecken der Pflanzen in kalten Nächten. Wählt man auch die anderen beiden Pfosten etwas länger, kann man ein Hochbeet aus waagerechten Brettern jederzeit in der Höhe an das Wachstum der Kinder anpassen.

DUFT UND HÜBSCHE BLÜTEN

Auch Duftpflanzen und Blumen werden von allen Kindern geliebt. Bereichert man das Hochbeet um duftende und essbare Blüten, bekommen die Kinder auch Spaß am Dekorieren von Speisen und dem Tischdecken. Ob Gänseblümchen, Schokoladen-Kosmeen, Gewürz-Tagetes oder Kapuzinerkresse, die Pflanzenwelt bietet reichhaltige Sinneserfahrungen und spannende Geschichten dazu.

[1] Große Anlage Aus solch einem komfortablen Hochbeetgarten kann man die ganze Familie ganz bequem und ohne Bücken mit Salat und Gemüse versorgen.

[2] Notizen machen Gut geplant ist halb gepflanzt! Wer sich immer Notizen über Erfolge und Misserfolge macht, kann bereits im Herbst mit neuem Wissen planen, Saatgut bestellen und gut gerüstet in die nächste Saison gehen.

HOCHBEETE FÜR SELBSTVERSORGER

WER SICH GERNE VON FRÜHJAHR bis Herbst selbst versorgen möchte, sollte mehrere Hochbeete besitzen oder zumindest zwei große Hochbeete mit einem Bodenbeet kombinieren. Ab drei Beeten kann man gut Fruchtwechsel betreiben, aber auch Mischkultur. Oder man richtet ein Beet für eine Sonderkultur, wie zum Beispiel für Tomaten ein, die das Beet für eine ganze Saison belegen.
Wer sich möglichst lange selbst versorgen möchte, sollte bereits im Winter planen, wie er die begrenzte Anbaufläche am besten nutzt. Am besten macht man sich eine Skizze für die Bepflanzung der Beete und bestellt das Saatgut schon jetzt, damit man bei geeigneter Witterung gut vorbereitet ist. Mit Vorkulturen in Saatschalen oder Töpfen auf der Fensterbank ist man noch unabhängiger von der Witterung. Pflanzen, die viel Platz benötigen (z.B. Rhabarber) oder lange im Beet bleiben (z.B. späte Kartoffeln) sollte man in ein Bodenbeet pflanzen. Alle anderen können in Mischkultur recht dicht ins Hochbeet, sofern sie sich miteinander vertragen (s. auch S. 105).

ZWEI ERNTEN IM JAHR

Frühe Sorten von Salaten und Gemüsen kann man meist so früh ernten, dass noch genügend Zeit für eine späte Sorte bleibt. Allerdings sollte man das gleiche Gemüse nicht an den gleichen Platz pflanzen wie seine frühen Verwandten. Man wechselt z.B. frühen Salat mit späten Möhren oder frühe Möhren mit spätem Salat. Dazu ist es sinnvoll, genau auf der Samentüte nachzuschauen, ab wann die Sorte einer Pflanze ins Freiland gesät bzw. gepflanzt werden kann und wann sie erntereif ist. Ist die verbliebene Zeit für eine zweite Kultur zu kurz, kann man immer noch Überwinterer säen (s. auch S. 88/89), die bis zum nächsten Frühjahr geerntet werden. Ernteschwemmen kann man vermeiden, wenn man die Pflanzen zeitlich gestaffelt kultiviert. Wer alle zwei Wochen zehn Pflanzen neuen Salat sät, hat immer reife Köpfe zum ernten. Man kann aber auch dichter säen und pflanzen und die jungen Pflanzen früher ernten, sodass Platz für die verbliebenen entsteht. Unterschiedliche Sorten haben ebenfalls unterschiedlich lange Wachstumszeiten, sodass sich Vielfalt sowohl im Beet als auch auf dem Teller auszahlt.

MEHRERE HOCHBEETE BEWIRTSCHAFTEN

Je nach Anzahl der Beete bepflanzt man sie mit Dauer- und Wechselkulturen und hat immer frische Kräuter, Salate, Blatt- und Wurzel- sowie Fruchtgemüse zum Ernten. Auf diese Weise lässt sich die Menge an Nutzpflanzen ganz einfach an die Zahl der mitessenden Familienmitglieder anpassen. Ist die Familie kleiner geworden, kann man mehr lagerfähiges beziehungsweise zum Einfrieren geeignetes Gemüse pflanzen. Fällt einem die Bewirtschaftung der Hochbeete in einem Jahr schwer, kann man sie auch mit Gründüngung, pflegeleichten Kulturen wie Kartoffeln, Erdbeeren, mediterranen Kräutern oder Blumen bestücken.

WINTERVORRÄTE AUS DEM HOCHBEET

AUCH BEI GUTER PLANUNG lassen sich nicht alle geernteten Gemüse und Früchte direkt frisch verzehren. Da liegt es nahe, die eigene Ernte für den Winter haltbar zu machen. Am einfachsten ist das Einfrieren von küchenfertig zubereitetem Gemüse. Wer keinen Gefrierschrank hat, spezialisiert sich besser auf alte Methoden der Haltbarmachung. Wenig Arbeit macht das Sterilisieren von Fruchtgemüsen, sei es als Tomatensoße oder Pickles im Backofen. So kann man sich auch im Winter an der eigenen Ernte erfreuen und schnell ein fertiges Essen auf den Tisch zaubern.

EIGENE ERNTE AUS DEM GEFRIERSCHRANK

Viele Gemüse bescheren einem eine „Ernteschwemme" im Sommer. Statt die vielen Zucchini, Tomaten und Bohnen zu verschenken, kann man sie putzen und einfrieren. Bohnen werden dazu vorher kurz blanchiert. Zucchini kann man zusammen mit Paprika, Tomaten, Zwiebeln und Auberginen zu einem mediterranen Ratatouille andünsten und einfrieren. Küchenkräuter kann man hacken und mit etwas Wasser in Eiswürfelbehältern einfrieren. Johannis- und Stachelbeeren kann man ebenso wie Mai- und Heidelbeeren nach dem Putzen in Gefriergefäßen oder Beuteln einfrieren. Sie bleiben dabei ganz und schmecken so auch im Winter ganz frisch. Erdbeeren püriert man vorher und nutzt sie als Fruchtsoße. Für das Trocknen von Früchten sollte man sich einen Dörrapparat zulegen. Aber auch im Backofen mit Umluft gelingt das Trocknen bei niedriger Temperatur.

LAGERGEMÜSE

Einige Wintergemüse wie Rosenkohl und Lauch können lange auf dem Beet bleiben. Hochbeete lassen sich leicht abdecken, doch spätestens wenn die Erde im Beetkasten völlig durchfriert, muss man das Gemüse hereinholen. Wer über einen kühlen Keller mit hoher Luftfeuchte verfügt, kann hier auch Kohl und Kartoffeln bis ins Frühjahr lagern. Eine eingegrabene Miete im Garten kann den Keller ersetzen, muss aber absolut sicher vor Mäusen gebaut werden. Bevor man seine wertvolle Ernte aber falsch lagert und alles verdirbt, sollte man sich erst mit den klimatischen Bedingungen eines vorhandenen Kellers vertraut machen. Ein Thermo-Hygrometer leistet dabei ebenso gute Dienste wie ein Schimmeltest.

AUF EINEN BLICK

DIE ERNTE ÜBERWINTERN	PFLANZEN
Im Beet	Rosenkohl, Lauch, Feldsalat
Einlagern	Kartoffeln, Zwiebeln, Karotten, Sellerie, Kürbis
Einfrieren	Bohnen, Erbsen, Karotten, Mangold, Spinat, Petersilie, Beerenobst
Einkochen	Zucchini, Kürbis, Gurken, Zwiebeln, Rote Bete, Tomaten, Obst
milchsauer einlegen	Weißkohl, Bohnen
Trocknen	Tomaten, Aprikosen, Pflaumen, Äpfel, Minze, Rosmarin, Thymian

[1]

[1] Erdmiete In kleinen Kisten zwischen sauberem Sand lassen sich Karotten im kühlen Keller oder in einer mäusesicheren Erdmiete lagern. Dazu lässt man immer etwas Grün an der Wurzel, damit sie nicht beschädigt wird.

[2] Grünkohl Er verträgt auch etwas Frost und lässt sich von Schneeschauern bis Weihnachten nicht erschüttern. Mit einem Vlies abgedeckt, lässt er sich bei Schnee noch besser ernten.

[3] Feldsalat Er wächst den ganzen Winter langsam weiter. Unter einer Abdeckung aus Lochfolie, einem Vlies oder einem leicht geöffneten Frühbeetkästen ist er vor Schnee geschützt und kann an frostfreien Tagen geerntet werden.

[2]

[3]

[1] In die Höhe gebaut Erdbeeren auf Augenhöhe ernten? Das geht mit diesen Pflanztöpfen auf einem passenden Gestell, das man einfach aufstellen oder an eine Wand lehnen kann. Monats-Erdbeeren tragen Früchte von Juni bis September, die man hier nicht einmal mit Stroh unterfüttern muss.

[2] Gute Idee Ballerina-Obst und andere Spalierformen wachsen hier in einem Hochbeet mit Rankgitter. Die Unterpflanzung mit duftenden Kräutern vertreibt Schädlinge und hält die Pflanzen gesund.

[3] Schachtringe In einen Schachtring von 40 bis 50 cm Höhe und Durchmesser gepflanzt, lassen sich die Stachelbeeren/Johannisbeeren ohne Bücken ernten. Die kleine Buchshecke verbirgt den Beton, stört aber nicht beim Ernten.

[1]

[2]

[3]

SÜSSE BEEREN

NEBEN KRÄUTERN, SALAT UND GEMÜSE lassen sich auch Beeren im Hochbeet ziehen. Besonders die kleinen Obststräucher und -stauden sind hier besser aufgehoben als am Boden. Man kann ihnen die passende Erde zusammenmischen und die Pflanzen in Augenhöhe pflegen und ernten. Die Höhe der Hochbeete sollte an die Größe der Pflanzen und die bevorzugte Arbeitshaltung im Stehen angepasst werden.

RANKENDES UND SPALIER-OBST

Himbeeren, Brombeeren, Taybeeren und Japanische Weinbeeren sollten eine Rankhilfe bekommen, die zugleich den Garten oder einen Gartenteil begrenzen kann. Aus Schwellen oder Stämmen kann man schmale Hochbeete bauen und mit humoser Erde füllen. Ist bereits eine Mauer vorhanden, kann man das Hochbeet daran anlehnen. An der Hauswand kann man den oft ungeeigneten Boden mit einem angelehnten Hochbeet auffüllen und hier wärmeliebendes Obst wie Feige, Birne, Pfirsich, Wein u.a. als Spalierobst ziehen. Die wenigen, die auch Halbschatten mögen, setzt man als Unterpflanzung zwischen höhere Gehölze.

Bei Obstgehölzen verzichtet man auf die Dränageschicht im Hochbeet, damit sie tiefer und frostfrei im gewachsenen Boden wurzeln können. Obst, das einen speziellen Boden braucht, wie z.B. Arten der Gattung *Vaccinium,* bevorzugt saure, feuchte Moor- und Sandböden mit einem pH-Wert von etwa fünf. Diese Bedingungen kann man in einem etwa 40 cm hohen Hochbeet, gefüllt mit Spezialerde für Moorbeetpflanzen, schaffen. Man pflanzt zwei bis drei Kultur-Heidelbeeren in die Mitte und setzt dazwischen Auslesen der niedrigeren, wilden Heidelbeere, der Preiselbeere und der Großfrüchtigen Moosbeere (Cranberry). Das Beet wird gut mit Rindenschrot gemulcht, damit der Boden immer feucht und sauer bleibt.

BEERENSTÄMMCHEN AUF AUGENHÖHE

Obwohl zur leichteren Ernte auf Stämmchen veredelt, muss man sich zu den Kronen von Stachel- und Johannisbeere dennoch bücken. Pflanzt man sie in einzelne kleine Hochbeete, z.B. einen etwa 50 cm hohen Schachtring aus Beton, lassen sie sich aufrecht stehend beernten. Eine Reihe von Stämmchen in einem schmalen Hochbeet an einer Grundstücksgrenze sieht ebenso hübsch aus. Hier kann man auch im Wechsel kleine Beerensträucher wie Maibeere oder Stachelbeere dazwischen setzen. Als Unterpflanzung eigenen sich bodendeckende Erdbeeren oder Wald-Erdbeeren, die hier den ganzen Sommer Früchte tragen.

BEFRUCHTUNG

Von allen Obstarten sollten sie immer mindestens zwei Pflanzen unterschiedlicher Sorten zusammen pflanzen, damit sie sich gegenseitig befruchten. So ist der Ertrag höher.

RARITÄTEN ERHALTEN & GENIESSEN

PFLEGELEICHTE HOCHBEETE verführen zum Experimentieren mit alten und neuen, unbekannten und wiederentdeckten Sorten. Da liegt es nahe, sie im spezialisierten Saatguthandel, bei Vereinen und anderen Gärtnern zu besorgen. So ist es immer wieder spannend, was nach dem Säen herauskommt, wie die Sorte schmeckt und wie sie sich in den Speiseplan integrieren lässt.

UNBEKANNTER GAUMENKITZEL

Viele alte, fast vergessene Sorten bieten oft wesentlich intensivere Geschmackserlebnisse. Alte lokale Sorten sind durch ihre Inhaltsstoffe zudem oft resistenter gegen Schädlinge und die vor Ort herrschenden Witterungseinflüsse. Im eigenen Garten kann man so Gemüse und Früchte anbauen, die es im Handel kaum oder nie zu kaufen gibt.
Mit dem Anbau alter, fast vergessener Sorten trägt man auch zu deren Erhalt bei. Vereine wie der VEN e.V. (s. auch S. 124) engagieren sich in der Weiterverbreitung der kulinarischen Schätze.

LOKALE SORTEN ERHALTEN

Die üblichen Gemüsesorten wurden für den Erwerbsanbau gezüchtet. Hier kommt es auf gleichzeitige Reife, einheitliche Größe und Form u.a., für die Mechanisierung von Landwirtschaft, Weiterverarbeitung und Transport ausgelesenen Eigenschaften an. Für den Hobbygärtner sind genau diese Eigenschaften nicht wichtig. Er freut sich über unterschiedliche Reifezeiten, variierendes Aussehen und Geschmack seiner Früchte.

Auch der Hobbykoch wird von den unbekannten Gemüsesorten zu neuen Kreationen angeregt. Warum nicht mal die Familie und Gäste mit gänzlich Neuem überraschen? Kataloge der Bioland-Saatguthändler bieten oftmals eine Fülle neuer Gemüse und die Anbauanleitung dazu. Wer vorher lieber probieren möchte, wird in Bio-Läden und auf Märkten fündig. Dort bekommt man meistens auch die passenden Rezepte für die Zubereitung gratis dazu.

AUF EINEN BLICK

RARITÄTEN-AUSWAHL	FÜR HOCHBEETE GEEIGNET
Wurzelgemüse	Haferwurzeln, Zuckerwurzel, Pastinake, Mairübe, Herbstrübe, Kohlrübe, Kerbelrübe, Schwarzwurzel, Topinambur, Oca, Yacon, Wurzel-Petersilie
Blattgemüse	Neuseeländerspinat, Gemüse-Amaranth, Malabarspinat, Gartenmelde, Guter Heinrich, Meerkohl, Gemüse-Portulak, Pak Choi, Kardone, Gemüse-Ampfer, Eiskraut
Fruchtgemüse	Spargelerbsen, Linsen, Kichererbse
Salate	Portulak, Asia-Salate, Baby-Leaf-Salat, Wintersalat, Spargelsalat, Löwenzahn, Löffelkraut, Zichoriensalate
Beeren	Andenbeere, Tomatillo
Kräuter	Barbarakraut, Frucht-Minzen, Gewürztagetes, Gartenkresse, Currykraut

[1] Gewürztagetes Die kleinblütige, einjährige *Tagetes tenuifolia* 'Orange Gem' blüht unermüdlich und ist eine Zierde für jedes Hochbeet. Sowohl die Blätter als auch die Blüten sind essbar und vielfältig zu Dressings, Süßspeisen und Getränken verwendbar. Ihr Duft ist fruchtig-würzig und erinnert an Orangen.

[2] Andenbeere oder Kapstachelbeere *Physalis peruviana* gibt es in unterschiedlichen Sorten und Geschmacksrichtungen. Sie eignet sich in warmen Lagen oder im Gewächshaus gut als Kübel- oder Hochbeetpflanze, braucht aber ein Spalier zum Festbinden. Die frostempfindlichen Pflanzen können zurückgeschnitten im Keller überwintern.

[3] Haferwurzel *Tragopogon porrifolius* bildet lange weiße Wurzeln, die nussig-herb schmecken und an Artischocken erinnern. In England und Frankreich, wo die Wurzeln als Suppen oder Gemüse angeboten werden, sind auch Sorten erhältlich. Die jungen Blätter können als Salat gegessen werden.

EXTRA

Besondere Beetformen

DER SCHLÜSSELLOCH-GARTEN

DIE TYPISCHE FORM eines Schlüsselloch-Gartens ist ein kreisrundes Hochbeet, in dessen Mitte sich eine Einbuchtung, das „Schlüsselloch", befindet. So kann die hüfthohe Pflanzfläche, die einen Durchmesser von etwa 3 Metern hat, überall gut erreicht werden. Die Einfassung des Beetes wird meist aus Natur- oder Betonsteinen trocken aufgeschichtet oder gemauert. Große Steine sorgen für Stabilität und gleichen größere Temperaturschwankungen aus.

DIE ERDE IM BEET

Das Hochbeet wird mit mehreren Schichten von Holzasche, Dung oder Kompost sowie normalem Erdreich im Wechsel aufgefüllt. In sehr trockenen Gegenden, wie etwa in Afrika, legt man als unterste Schicht Materialien (z. B. Blätter der Aloe) aus, die den Boden nach unten hin abschließen, um Wärme und Feuchtigkeit im Beet zu halten. In unseren niederschlagsreichen Breiten ist das nicht nötig, hier legt man besser einen Kaninchendraht gegen Wühlmäuse aus. Im Zentrum des Beetes wird ein „Korb", aufgestellt, ein runder Kompostbehälter, der oft aus Stöcken und Palmenblättern besteht, aber auch aus Korbgeflecht und kleinmaschigem Drahtzaun gefertigt werden kann und Raum bis zum Boden des Beetes offen hält. In diesen Behälter kann man regelmäßig kompostierbare Materialien, wie (ungekochte) Küchen- und kleine Gartenabfälle, füllen. Wer Wasser sparen muss bzw. will, bewässert ausschließlich durch diesen Korb. Das Wasser, angereichert mit Nährstoffen aus dem Kompost, verteilt sich dann im Beet.

IDEE UND VERBREITUNG

Der spezifische Aufbau dieses Hochbeetes hat viele Vorzüge, die den Schlüsselloch-Garten in Gegenden, wo sonst aufgrund von Trockenheit nichts wächst, interessant macht. Viele Entwicklungsprojekte, die Selbstversorgung unterstützen, greifen daher dieses Konzept auf. Die Bevölkerung dieser Regionen, die sich sonst hauptsächlich von einem Grundnahrungsmittel, z. B. Hirse, ernährt, kann ihren Speiseplan so durch selbst angebautes Gemüse ergänzen und Mangelernährung verhindern.

Aber auch bei uns ist diese besondere Form eines Hochbeetes von Vorteil. Man kann es einfach und kostengünstig selbst bauen und spart sich einen zusätzlichen Kompostplatz, weil die organischen Reststoffe direkt im Beet verrotten können.

Ein Schlüsselloch-Garten braucht weniger Wasser, muss nicht gedüngt werden und macht daher auch weniger Arbeit als gewöhnliche Gärten. Besonders bei ungünstigen Bedingungen, wie auf sandigen und steinigen Böden sowie bei Wasserknappheit, z. B. im Außenbereich ohne Wasseranschluss, erleichtert das Schlüsselloch-Beet den Anbau anspruchsvollerer Nutzpflanzen. Durch den Kompostbehälter in der Mitte wandern auch bald Regenwürmer ein, die den Gärtner bei der Bodenlockerung unterstützen und die organischen Reststoffe im Beet verteilen. Ihre Ausscheidungen düngen die Beeterde und machen den Boden immer fruchtbarer (s. S. 135), sodass die Pflänzchen schnell wachsen und reiche Ernte bringen.

[1] Ziegelstein-Beet Gemauert aus Ziegelsteinen fügt sich das Schlüssellochbeet schön in einen Bauerngarten ein. Unvermörtelt wären die kleinen Steine allerdings zu leicht und wenig stabil.

[2] Das Schlüsselloch Das ausgesparte „Tortenstück" erleichtert den Gang zum Kompostkorb in der Mitte und kann, mit einem darübergelegten Brett, sogar zum Arbeiten im Sitzen genutzt werden.

SCHLÜSSELLOCH-GARTEN: SO FUNKTIONIERT ER

AUFBAU EINES SCHLÜSSELLOCH-GARTENS

SCHLÜSSELLOCH-BEETE

DIE SCHLÜSSELLOCHFORM eignet sich für alle Beete, deren Durchmesser größer ist als die eigene einfache bzw. doppelte Armlänge. So kann man das Bauprinzip auch bei rechteckigen Beeten anwenden, die man in U-Form zusammenstellt. Die organische Form des großen STIMA-Beetes (s. Bild 3) entspricht ebenfalls einem Schlüsselloch-Beet. Der integrierte Korb zum Kompostieren der Küchenabfälle erspart zudem den Kompostbehälter bzw. die braune Tonne. So entspricht diese Beetform dem Prinzip eines geschlossenen Stoffkreislaufs. Passend zum Standort und zur Verfügbarkeit von Wasser bzw. Dünger lässt sich das Prinzip der Bauform aber auch abwandeln.

AUFSTIEGSHILFE FÜR REGENWÜRMER

Füllt man ein Hochbeet zuunterst mit mineralischem Schüttgut, versperrt man Regenwürmern und anderen Bodenorganismen (s. S. 135) den Zugang zum Beet. Hier kann ein hoher Korb, z. B. in Form einer Drahtröhre (s. S. 126), Abhilfe schaffen. Gefüllt mit humoser Erde und organischen Stoffen, z. B. Kartoffel- und Gemüseschalen, Salatblättern und Kaffeesatz, lockt er die Tiere in das Beet, wo sie sich bei geeigneter Temperatur und Bodenfeuchte wohlfühlen. Regenwurmkot und die Durchmischung der Erde sind wertvolle Hilfen für das Pflanzenwachstum und den Gärtner (s. S. 135). Durch zusätzlich aufgelegte Reste und Grasschnitt (Flächenkompostierung) kann man die nützlichen Helfer ernähren, im Beet halten und verhindern, dass sie sich über die zarten Pflänzchen hermachen. Innerhalb einer Woche ziehen sie alles organische Material in den Boden, vertilgen es da und düngen mit ihrem wertvollen Kot die Nutzpflanzen. Bei großer Hitze und Kälte nutzen sie die Röhre als Abstiegshilfe, um sich im Boden unter dem Beet zu verstecken.

BODENFRUCHTBARKEIT ERHALTEN

Regenwürmer (s. S. 135) sind sehr wählerisch, was Temperatur und Bodenfeuchte betrifft. Im Sommer wandern sie in tiefere Erdschichten, wo es kühl und feucht ist. Im Winter ruhen sie im gewachsenen Boden in frostfreien Schichten. In Hochbeeten werden sie nur im Frühjahr und Herbst aktiv, da hier die Erde im Sommer zu warm und im Winter zu kalt wird.
In unseren Breiten kann man die Bodenfruchtbarkeit an der Anzahl der Regenwürmer pro Kubikmeter Boden direkt ablesen. Ihre Gänge helfen den Pflanzenwurzeln beim Weiterwachsen. Regenwurmkot ist die beste Pflanzenerde und ernährt unzählige Mengen von Mikroorganismen, die aus organischen Stoffen Mineralverbindungen machen, ohne die Pflanzen nicht wachsen können. So steht der Regenwurm am Anfang einer Kette von zersetzenden Bodenorganismen, die den Kreislauf der Stoffe erhalten. Er ist deshalb im organisch-biologischen Land- und Gartenbau ein wichtiger Indikator für die Bodenfruchtbarkeit.

[1] Steinbeete Große und schwere Natur- oder Betonsteine können auch trocken aufgesetzt werden und halten dem Druck der Erde im Beetinneren stand.

[2] Bambusmatten Sie sind zwar preiswert, aber auch instabil und halten nur eine Saison. Außerdem verliert die Erde im Beet viel Wasser durch die offene Beetwand.

[3] Holzbeete Dieses formschöne und hochwertige Hochbeet aus Douglasienholz ist eine Anschaffung fürs ganze Leben. Die konische Wandform schafft Raum für die Füße und erschwert Schnecken das Hochklettern.

DER BODEN LEBT

EINE HANDVOLL GESUNDER BODEN beherbergt mehr Lebewesen, als es Menschen auf der Erde gibt. Diese Bodenlebewesen bauen die organischen Stoffe, die als abgestorbene Pflanzenteile oder tote Tiere bzw. Fäkalien anfallen, zu anorganischen Substanzen ab. Ohne dieses Stoffrecycling und die Mineralisation würde das Leben auf der Erde binnen weniger Wochen verlöschen und sowohl Pflanzen als auch Tiere bzw. Menschen hätten keine Lebensgrundlage mehr.

DAS PRINZIP PERMAKULTUR

Bei diesem Konzept, das nachhaltige und naturnahe Kreisläufe schaffen will, die dauerhaft funktionieren, werden die natürlichen Stoffkreisläufe im Boden berücksichtigt. Nicht die Pflanzen werden mit Kunstdünger versorgt, sondern der Boden bzw. die Bodenorganismen werden mit organischem Dünger ernährt. So gibt es in den Böden des biologischen Landbaus ein gesundes und vielfältiges Leben, das den Pflanzen zugutekommt. Der Boden wird hier nicht umgepflügt, gestört und erschöpft, sondern man macht sich eine Vielzahl natürlicher Prozesse zunutze.

Durch die Berücksichtigung der ober- und unterirdischen Pflanzengestalt kann man dichter pflanzen und die positiven Wirkungen der Pflanzen aufeinander nutzen. Durch Mischkultur lässt sich das massenhafte Auftreten von Schädlingen verhindern und man kann auf Biozide verzichten. Eine konsequente Bodenbedeckung im Winter verhindert zudem Bodenverdichtung und Erosion.

GESUNDER BODEN IM HOCHBEET

Ein Hochbeet, wie z. B. das Schlüsselloch-Beet, ist ein kleiner Mikrokosmos, in dem nicht alle Prozesse genauso ablaufen können wie in der Natur. Dennoch kann man auch hier auf kleinem Raum die Prinzipien des biologischen Anbaus und der Permakultur berücksichtigen. Wer nur biologische Substrate verwendet, mit organischem Material düngt und den Boden mulcht, schafft gute Voraussetzungen für ein reiches Bodenleben. Angeimpft wird es, wenn man Pflanzen aus biologisch arbeitenden Betrieben kauft, denn hier haften der Erde bereits die richtigen Mikroorganismen an. Zur Unterstützung kann man auch mit Präparaten, die Mikroorganismen enthalten, animpfen. Stimmen Temperatur und Bodenfeuchte, entwickelt sich so rasch ein günstiges Bodenleben, von dem die Pflanzen profitieren.

Unterstützend wirken auch Zuschlagstoffe wie Holzkohle, die in der Palaterra-Erde enthalten ist. Sie enthält viele Mikroporen, wo sich die Mikroorganismen optimal entwickeln können. Mit einer Gründüngung aus Leguminosen (z. B. Lupine, Wicke) kann man Stickstoff aus der Luft in den Boden holen und den Boden im Winter mit den abgefrorenen Pflanzenteilen bedeckt halten.

[1] Hundertfüßer Ebenso wie Asseln sind sie lichtscheu und lieben es feucht. Sie stehen zusammen mit den Regenwürmern am Anfang des Zersetzungskreislaufs organischer Stoffe.

[2] Regenwürmer Ihre Gänge lassen das Regenwasser besser in tiefere Bodenschichten eindringen, belüften den Boden und helfen den Pflanzenwurzeln beim Wachsen in die Tiefe.

[3] Asseln Die kleinen Krebstiere machen sich in Massen über Abfälle her. Bei Licht verschwinden sie in dunkle feuchte Ecken, da sie nachtaktiv sind und durch Kiemen atmen.

DIE BODENLEBEWESEN

DIE GESAMTHEIT DER ORGANISMEN, die im Boden leben, Tiere, Pflanzen, Pilze und Bakterien, spielen eine wichtige Rolle im Kompostierungsprozess und sind maßgeblich am gesunden Wachstum der Pflanzen beteiligt.

DIE BODENFLORA

Zu den pflanzlichen Bodenlebewesen zählen einzellige Bakterien, Grün-, Blau- und Kieselalgen aber auch Strahlenpilze und mehrzellige Pilze mit ihren charakteristischen Fruchtkörpern.
Sehr wichtig sind auch die Pflanzenwurzeln und die mit ihnen vergesellschafteten Pilze. Diese Symbiose ist überlebensnotwendig für die meisten höheren Pflanzen. Das unterirdische Pilzgeflecht vergrößert die Wurzelflächen und kann Wasser und Mineralstoffe besser aus dem Boden lösen als die Pflanze alleine. Und es schützt sie vor Krankheitserregern und Fressfeinden. Im Gegenzug versorgt die Pflanze den Pilz mit wertvollen Kohlenhydraten. Es gibt verschiedene Formen dieser Symbiose. Manche Pilze dringen mit ihren Hyphen (Pilzwurzeln) in die Pflanzenwurzeln ein, andere umhüllen sie nur. Oberirdische Pilze sind lediglich die Fruchtkörper eines weit verzweigten Systems unterirdischer Pilzhyphen.
Ohne die zersetzende Tätigkeit der vielen, meist mikroskopisch kleinen Bodenlebewesen könnte sich kein Humus bilden. Und ohne die sich anschließende Mineralisation des Humus könnten sich höhere Pflanzen nicht ernähren. Die Bodenflora ist auch eine wichtige Nahrungsquelle für die Bodenfauna.

DIE BODENFAUNA

Bei den tierischen Bodenlebewesen dominieren die Einzeller, z.B. Amöben und Wimperntierchen. Von den Mehrzellern haben die winzigen Rädertiere und Bärtierchen nur geringe Bedeutung, während Fadenwürmer in großer Zahl auftreten. Zu den Borstenwürmern gehören die bodenbiologisch bedeutenden Regenwürmer. Sie fressen abgestorbene Pflanzenteile und scheiden Kot aus, der reich an Kalium, Phosphor und Stickstoff ist. Ihre Gänge durchlüften den Boden und schaffen Abflussmöglichkeiten bei starkem Regen. Der Schleim im Inneren zieht zudem Pflanzenwurzeln und die mit ihnen vergesellschafteten Pilze und Bakterien an.
Innerhalb des großen Stammes der Gliederfüßer finden sich viele wichtige Streuzersetzer, wie z.B. Asseln, die man aus der Kompostmiete kennt. Sie ernähren sich von Falllaub, Holz, Algen, Pilzen, Insektenkadavern, Kot und anderem organischem Material. Zusammen mit aufgenommenen mineralischen Bodenteilchen, z.B. Sand, bildet ihr Kot, wie der des Regenwurms, Ton-Humus-Komplexe, die für fruchtbare Böden unverzichtbar sind.
Aber auch Milben und Insekten, als erwachsene Tiere oder als Larven, spielen eine wichtige Rolle. Und auch Schnecken und einige Wirbeltiere, wie z.B. Maulwürfe und Mäuse, beeinflussen den Boden.
In den obersten 30 cm eines humosen feuchten Bodens lassen sich pro Quadratmeter durchschnittlich 2 Millionen Tiere mit einem Gewicht von etwa 4,5 kg feststellen.

KARTOFFELTÜRME

MOBILER ALS SCHLÜSSELLOCH-BEETE und gut für einjährige Kulturen geeignet sind hohe Pflanzgefäße, Kisten und Gewebesäcke. Besonders der Anbau von Kartoffeln in Kübeln und Säcken ist sehr beliebt, weil man sie im Herbst nicht ausgraben muss, sondern einfach ausleeren kann. Außerdem kann man so auf kleiner Fläche wesentlich mehr ernten als beim üblichen Bodenanbau. Häuft man Erde über eine Saatkartoffel, bildet die Pflanze viele unterirdische Wurzeln mit Knollen (den Kartoffeln) aus. Was der Landwirt mit Anhäufeln erreicht, lässt sich in einem geeigneten Gefäß noch intensiver betreiben, indem man nach und nach Erde auffüllt.
Eine stabile Weidenmatte, ein dichtes, ringförmig gebogenes Drahtgeflecht, aber auch vier zusammengestellte Paletten können als Gefäß für einen Kartoffelturm dienen. Da die Triebe der gekeimten Kartoffeln auch seitlich aus den Lücken der Wände herauswachsen, sollte das Geflecht nicht zu dicht sein. Um zu ernten, wird der Kartoffelturm seitlich geöffnet, sodass Erde und Erdäpfel einfach herausfallen.

FÜR STABILITÄT

Damit ein Kartoffelturm aus Drahtgeflecht oder Weidenmatte nicht umfällt, sollte man ihn mit einem Mittelpfosten oder mehreren außen eingeschlagenen Pfosten sichern. Gut geeignet sind angespitzte (unbehandelte) Zaunpfähle oder Stangen aus Moniereisen.

DER STANDORT

Der Kartoffelturm sollte auf einem sonnigen Beet oder einer Rasenfläche stehen, damit das Gießwasser ablaufen kann. Auch eine Stelle im Garten, die man ohnehin mit Erde auffüllen will, ist geeignet. Am besten legt man einen Kaninchendraht auf den Boden, damit sich keine Mäuse einnisten und an den Kartoffeln bedienen können.

SCHICHT FÜR SCHICHT

Den Boden des Kartoffelturms bildet eine etwa 20 cm dicke Erdschicht. Darauf legt man im Abstand von ca. 10 cm Kartoffeln und bedeckt sie mit 10 cm Erde. Ist das Blattwerk der Kartoffelaustriebe etwa 15 cm hoch gewachsen, wird es wieder mit Erde bedeckt, sodass nur die obersten Blättchen der kleinsten Pflanzen herausschauen. Anschließend überbraust man die neue Schicht. Sind die Pflanzen wieder etwa 15 cm gewachsen, wird erneut mit Erde aufgefüllt. Man kann in jeder Schicht noch ein paar Kartoffeln nachlegen, muss aber nicht, denn die Pflanzen bilden in der Erde in ihren Blattachseln neue Triebe mit weiteren Knollen aus. Höher als 80 cm sollte man den Turm nicht auffüllen, sonst ist auch die beste Kartoffelpflanze am Ende ihrer Kraft und stirbt ab.
Mit dieser Methode kann man bei optimalen Verhältnissen aus 1 kg Kartoffeln bis zu 20 kg neue Knollen ernten. Zum Vergleich: Im Bodenanbau ist nur die fünf- bis zehnfache Menge üblich.

[1] Turm aus Latten Ein altes Regenfass aus Latten, die auf zwei Drähte gefädelt sind, kann noch als Kartoffelturm dienen. Zum Selbstbau kann man Dachlatten oben und unten seitlich durchbohren, mit zwei Drahtringen und Abstandshaltern (z. B. gelochten Kunststoffperlen) auffädeln und anschließend zum Ring biegen. Die Verbindung der Drahtenden sollte stabil sein, sich zum Ernten aber leicht öffnen lassen. Mit Spanngurten kann man die Konstruktion zusätzlich sichern.

[2 & 3] Kartoffeln im Kübel Für Balkon und Terrasse ist ein Kartoffelturm nicht geeignet, aber auch im Kübel erzielt man gute Ernten, wenn man nach und nach mehrere Schichten auffüllt. Bei ca. 60 cm Höhe ist allerdings Schluss, denn dann können die Blätter die Knollen nicht mehr optimal versorgen.

[4] Laubsäcke Die einfachen Säcke aus Kunststoffgewebe eignen sich hervorragend als Kartoffeltürme. Man kann sie zum Ernten einfach auskippen und platzsparend lagern.

[1] Kunststoffbeet Aus leichten Hohlkammer-Kunststoffteilen wird dieses Hochbeet ohne Werkzeug zusammengesteckt. Es lässt sich ebenso leicht wieder auseinanderbauen und transportieren.

[2] Schlüsselloch-Beet Diese Wellblechbeete lassen sich einfach montieren und bei einem Umzug auch wieder mitnehmen. Material und Farbe passen auch gut in Gärten mit moderner Bebauung.

[3] Klappbeet Dieser Pflanzkübel ist zusammenklappbar, so kann man ihn im Winter platzsparend verstauen und bei einem Umzug schnell einpacken. Kräuter zum Überwintern kann man vorher in Töpfe setzen und in die Wohnung holen.

MOBILE HOCHBEETE

AUCH ALS MIETER muss man auf Hochbeete nicht verzichten. Viele Modelle aus Metall, die wegen Rostanfälligkeit oft auch aus hochwertigem Edelstahl sind, kann man einfach wieder auseinanderschrauben und bei einem Umzug mitnehmen. Es gibt auch preiswerte Kunststoff-Bausätze, häufig aus recyceltem Material, die meist nur gesteckt werden und besonders leicht sind. Sie sind witterungsbeständig, unempfindlich gegen Feuchtigkeit und bieten sehr gute Wärmedämmung.

Ein weiterer Vorteil von Metall- und Kunststoffbeeten ist, dass man keine Folie an den Innenwänden anbringen muss, wie das bei Hochbeeten aus Holz der Fall ist. So ist es ganz einfach, das Beet zu leeren und an einem anderen Ort wieder aufzubauen.

Stellt man das Hochbeet auf einen Rasen, sollte man zuunterst einen Kaninchendraht einlegen, um Mäuse abzuwehren. Beim Auszug bzw. bei der Demontage der Hochbeete muss man dann wieder neuen Rasen einsäen, falls der Vermieter das wünscht. Die Erde aus dem Hochbeet kann man einfach großflächig auf dem restlichen, kurz gemähten Rasen verteilen. Sie wird vom nächsten Regen eingespült und düngt den Rasen. Eine dicke Sandschicht, die man zuunterst einfüllt, spart viel Erde und kann ebenfalls auf dem Rasen verteilt werden, wenn man das Beet wieder abbaut.

Wer ein Hochbeet auf der Terrasse aufstellen möchte, sollte vorher auf alle Fälle ein dickes Dränage-Vlies unterlegen, damit die Terrassenplatten nicht verschmutzen.

IMMER AM RAND ENTLANG

Kleine Gärten, Terrassen und Höfe von Mietwohnungen können mit schmalen Hochbeeten schön eingefasst werden. Mit höher wachsenden Nutz- und Zierpflanzen lässt sich so ein bunter und auch schmackhafter Sichtschutz für den Sommer gestalten. Zusätzlich kann man sich auch noch höhere, aber mobile Sichtschutzwände bauen, die man gegebenenfalls beim Auszug wieder mitnehmen kann.

MOBILE TISCHBEETE

Für Balkon und Terrasse sind Beete, die auf stabilen Rollen aufgebracht sind, ideal. So kann man die Pflanzen immer an die richtige Stelle rollen, wo sie besonders viel Sonne abbekommen bzw. temporär nicht stören. Diese Beete bieten mehr Pflanzfläche als Balkonkästen und auch die gute Arbeitshöhe ist ein Vorteil. Schmale Beete mit tiefem Trog eignen sich besonders gut für Balkone, da sie nicht viel Platz wegnehmen.

FLACHE TRÖGE

Man kann sie zwar nur mit wenig Substrat befüllen und die Bepflanzung ist daher etwas eingeschränkt, aber auch in flachen Trögen gedeihen Mini-Salate und flach wurzelnde Kräuter, wie z. B. Minze, Oregano und Thymian, sehr gut.

HÄNGENDE GÄRTEN

AUCH BEI WENIG PLATZ kann man sich mit einem Wandgarten mit einer Fülle von Grün umgeben. Die Pflanzen wachsen hier nicht in den üblichen Kübeln oder Töpfen, sondern „gehen die Wände hoch". Dazu braucht man nicht einmal spezielle Wandsysteme, sondern kann selbst Stofftaschen und Gefäße zu „hängenden Gärten" umfunktionieren. Innen an das Balkongeländer gehängt, hat man so gleich noch einen passenden Sichtschutz. Sie kaschieren unschöne Stellen an der Fassade und sogar lebende Wandbilder lassen sich damit kreieren. Stöbern Sie einfach mal, was sich zum Aufhängen und als Pflanzgefäß finden lässt. Das kann z. B. ein aufklappbarer Wandschuhschrank aus Kunststoff sein oder auch eine Suppenkelle, in der allerdings nur Hungerkünstler wie kleine Sedum- und Sempervivum-Arten überleben.

PFLANZEN IN AMPELN

Besonders flexibel ist man auf dem Balkon mit Ampeln. Man kann sie an jeder gewünschten Stelle sowie an bislang ungenutzten Bereichen aufhängen und jeden Topf anders bepflanzen. Ob als Sichtschutz oder als Schattenspender, ob mit Blumen, Kräutern oder Erdbeeren, die mögliche Vielfalt ist hier groß. Ebenso wie die Palette von geeigneten Gefäßen in unterschiedlichen Formen und Größen, die von preisgünstigen Kunststofftöpfen bis hin zu Terrakotta-Blumenampeln reicht. Für die Ampelbepflanzung empfiehlt es sich, hochwertige, strukturstabile Erde zu wählen, mit ausreichender Durchlüftung und gleichzeitig gutem Wasserhaltevermögen, da sie in luftiger Höhe schnell austrocknen kann. Die Befestigung der Ampeln sollte nicht nur von oben, sondern möglichst auch von unten erfolgen, damit die Töpfe nicht zu sehr im Wind schwingen, aneinanderstoßen oder zerbrechen. Fertige Gitter- oder Seilsysteme, die man nur an wenigen Punkten befestigen muss, sind dabei haltbarer als selbst gefertigte Konstruktionen.

RICHTIG GIESSEN

Stellen Sie sich eine passende Gießkanne mit kleiner Auslauföffnung auf den Balkon, damit das Wasser immer etwas abgestanden und angewärmt ist. Für kleine Töpfe und Pflanztaschen ist eine Gießkanne für Zimmerpflanzen mit langem Ausguss die bessere Wahl. In Gegenden mit großer Wasserhärte ist Regenwasser ideal, da die meisten Balkonpflanzen weiches Wasser lieben. An sehr heißen Tagen und bei Ausrichtung nach Süden sollte man morgens und abends gießen. Denn lässt man die Erde ganz austrocknen, läuft das Gießwasser einfach hindurch.

URLAUBSZEIT

Wer keine netten Nachbarn hat, behilft sich mit einem einfachen Bewässerungssystem aus dem Baumarkt, bei dem Tropfschläuche über die Pflanztaschen bzw. von Topf zu Topf gelegt werden. Größere Kübel kann man auch mit einer umgestülpten, in die Erde gesteckten Flasche für einige Tage bewässern.

[1] Pflanztaschen Farbenfrohe „Organizer" aus Kunststoff schmücken eine Sichtschutzwand und werden zum „Taschengarten" mit Kräutern und Blumen. Mehrjährige Kräuter sollte man aber im Winter in Töpfe umpflanzen, da die Erde hier schnell gefriert.

[2] Regenrinnen mit Endstücken eigen sich hervorragend als hängende Gärten, wenn man sie an Drahtseilen übereinander hängt. Einige Löcher am Boden und etwas Blähton als Dränage garantieren den Wasserabfluss.

[3] Pflanzenampel Eine raffinierte Halterung für viele Pflanztöpfe auf kleinem Raum. Einzelne Töpfe lassen sich einfacher bepflanzen und pflegen.

REGISTER

BRIGITTE KLEINOD ist Biologin, Gartenplanerin und Autorin zahlreicher Gartenbücher. Seit über 20 Jahren plant und gestaltet sie naturnahe und rückengerechte Gärten. Sie berät Privatleute, Kindergärten, Schulen, Seniorenheime und Gartenbauvereine bei Planung, Bau und Bepflanzung von Gartenanlagen. Sie hält auch Vorträge, Fortbildungen und Seminare zu diesem Thema. Mit ihren eigenen Hochbeeten experimentiert sie schon lange und gibt hier gerne ihre Erfahrungen weiter.
www.kleinod-garten.de

MANFRED STIEBLER ist gelernter Modellbauer mit einer Holzwerkstatt im Schwarzwald. Sein früher Traum vom eigenen Garten wurde schnell zum Alptraum. Fast alles was er säte oder pflanzte, wurde Beute der Schnecken oder des rauen Klimas. Vor 35 Jahren baute er sein erstes Hochbeet. Heute sind es über 20 verschiedene Modelle, die seinen Garten zieren und außergewöhnlich ertragreich machen. Sein fundiertes Wissen gibt er in Vorträgen und Schriften weiter.
www.stima-hochbeet.eu

IMPRESSUM

Mit 206 Farbfotos von:
Arco Digital Images /NPL: 134 u.li.; Arco Digital Images/FLPA: 134 u.re.; Arco Digital Images/P. Frischknecht: 132; Bildarchiv Boden-Landwirtschaft-Umwelt/Otto Ehrmann: 134 o.; Isabelle Brunet: 127 o. & u.; Fiskars Germany GmbH, Herford: 'Ergo Can' 38 u.; Flora Press, Hamburg: Bildagentur Beck: 123 u.re.; Flora Press/BIOSPHOTO/Alexandre Petzold: 84 li., BIOSPHOTO/ Joël Douille: 78 Mi., BIOSPHOTO/Lamontagne: 41 Mi.li., 50 u.re.; Flora Press/ Botanical Images: 89 li.; Flora Press/Christine Ann Föll: 89 re.; Flora Press/ Dieter Schinner: 90 re.; Flora Press/Edition Phönix: 73 u. re.; Flora Press/ Flowerphotos/Carol Sharp: 80 re.; Flora Press/gartenfoto.at: 131 o.; Flora Press/GWI: 50 u.li., 76 re., 81 Mi.; Flora Press/MAP: 70 Mi., 76 li., 82 Mi., 83 Mi., 84 re., 85 Mi., 88 re.; Flora Press/Martin Hughes-Jones: 79 Mi., 84 Mi.; Flora Press/Meyer-Rebentisch: 63 u.re., 88 li.; Flora Press/Nicola Stocken Tomkins: 137 u.li.; Flora Press/Nova Photo Graphik: 91 Mi.; Flora Press/ Otmar Diez: 54 o., 77 re., 81 li.; Flora Press/Richard Bloom: 71 re.; Flora Press/Royal Horticultural Society: 88 Mi.; Flora Press/The Garden Collection/ Derek St Romaine: 2/3, 119 o., 74 re.; Flora Press/The Garden Collection/ Gary Rogers: 95/95; Flora Press/The Garden Collection/Neil Sutherland: 6/7; Flora Press/The Garden Collection/Nicola Stocken Tomkins: 120 u.li.; Flora Press/The Garden Collection/Torie Chugg: 5 re., 66/67, 73 u.li.; Flora Press/ Ute Klaphake: 70 re.; Flora Press/Visions: 71 li., 76 Mi., 77 li. & Mi., 83 li., 119 u.li.; GAP Photos, Essex (UK): 34/35, 141 li.; GAP Photos/Brian North: 137 o.re.; GAP Photos/Michael King: 137 u.re.; GKSFlorapics/Alamy Stock Foto: 124/125; Dr. Birgitta Goldschmidt, Koblenz: 14 o.; 33 (alle drei); 42 o.; 53 u.; 54 u.re.; 63 Mi.li.; 106 o.li. & o.re.; Brigitte Kleinod, Waldems: 9 (alle drei); 10 o., Mi.re. & u.li.; 13 (alle drei); 14 u.li & u.re; 19 (alle drei); 20 o.li. & o.re.; 25 u.li. & u.re.; 26 Mi.li. & u.li.; 29 (alle vier); 30 (alle drei); 36 Mi.li., o.re. & u.re.; 38 o. & u.re., 41 o.li. & u.li; 42 u.li.; 45 u.; 46 o.li. & o.re.; 49 (alle drei); 54 u.li.; 59 Mi; 60 o. & u.li., 63 o.; 64 (alle drei); 70 li.; 87; 91 re.; 100 re.; 106 u.; 110 u.; 120 u.re.; 127; 137 o.li.;138 o., u.l.; Pollen Photos/Alamy Stock Foto: 131 u.li.; Nils Reinhard: 141 re.o.; W. Leon Smith/KeyholeFarm.com: 138 u.li.; shutterstock/Ribah: 39 li.; shutterstock/Elena Schweitzer: 58 li.; shutterstock/picturepartners: 58 re.; shutterstock/m.bonotto: 63 u.li.; shutterstock/mubus7: 71 Mi.; shutterstock/jopelka: 74 Mi.; shutterstock/Oksana Shufrych: 75 li.; shutterstock/Anton Havelaar: 75 Mi.; shutterstock/Siberian-Lena: 75 re.; shutterstock/Denis and Yulia Pogostins: 78 li.; shutterstock/ Larisa Lofitskaya: 78 re.; shutterstock/TAGSTOCK1: 79 li.; shutterstock/Bildagentur Zoonar GmbH: 79 re.; shutterstock/Csehak Szabolcs: 80 li.; shutterstock/LianeM: 80 Mi.; shutterstock/fotomaton: 81 re.; shutterstock/Frank Fischbach: 82 li.; shutterstock/Diana Taliun: 82 re.; shutterstock/Claudio Divizia: 85 re.; shutterstock/Humannet: 89 Mi.; shutterstock/joyfuldesigns: 90 li.; shutterstock/ultimathule: 90 Mi.; shutterstock/Alina G: 92 Mi.; shutterstock/yuris: 92 re. & 93 re.; shutterstock/Vera Petruk: 93 li.; shutterstock/ ASB63: 93 Mi.; shutterstock/wavebreakmedia: 116 u.; Manfred Stiebler, Hüfingen-Mundelfingen: 10 u.re.; 17 (alle drei); 20 u.; 23; 25 o.; 26 li.; 36 u.li.; 41 u.re.; 42 u.re.; 45 o.li., Mi.li. & o.re.; 46 u.; 53 o.; 57 (alle drei); 60 u.re.; 69; 73 o.; 74 li.; 83 re.; 91 li.; 92 li.; 99; 109 (alle drei); 115; 116 o.; 119 u.re.; 120 o.; 123 o. & u.li.; 127; 131 u.re., 141 u.re.; GBA/Staffler: 50 o.; GBA/Engelhardt: 85 li.; Test Rite Deutschland GmbH, Hamburg: KETER Gartenkarre 'Marisa': 39 re.; Annette Timmermann, Kalübbe: 59 o.re., u.li., u.re.

Mit 10 Illustrationen von:
Claudia Schick, Neumarkt: 97 (alle drei); 100 li.; 103; 110 o.; 113 (beide);.
Aeri Wittenbourgh for Concern Worldwide, US: 128/129.

Umschlaggestaltung von Gramisci Editorialdesign, München unter Verwendung einer Aufnahme von GAP Photos, Essex (UK)/Hanneke Reijbroek/Gray's Garden-Hampton Court Flower Show 2011 (Umschlagvorderseite) sowie eine Aufnahme auf der Umschlagrückseite von GKSFlorapics/Alamy Stock Foto.

Mit 206 Farbfotos und 10 Farbzeichnungen

Alle Angaben in diesem Buch sind sorgfältig geprüft und geben den neuesten Wissenstand bei der Veröffentlichung wieder. Da sich aber das Wissen laufend und in rascher Folge weiterentwickelt und vergrößert, muss jeder Anwender prüfen, ob die Angaben nicht durch neuere Erkenntnisse überholt sind. Dazu muss er zum Beispiel Beipackzettel zu Dünge-, Pflanzenschutz- bzw. Pflanzenpflegemitteln lesen und genau befolgen sowie Gebrauchsanweisungen und Gesetze beachten. Jede Dosierung und Anwendung erfolgt auf eigene Gefahr. Autor und Verlag müssen alle Schadensersatzansprüche von vornherein ablehnen. Gebrauchsnamen, Handelsnamen, Warenbezeichnungen sind in diesem Buch ohne nähere Kennzeichnung in Bezug auf Marken, Gebrauchsmuster und Patentschutz weitergegeben. Daraus kann nicht abgeleitet werden, dass diese Namen und Verfahren als frei im Sinne der Gesetzgebung gelten und von jedermann benutzt werden dürfen.
Das Allerwichtigste ist, dass Sie die Pflanzen und insbesondere die Kräuter einwandfrei erkennen. Oftmals gibt es verwandte Arten, die sich sehr ähnlich sehen. Die eine ist jedoch gut, die andere giftig. Wenn Sie irgendwelche Zweifel haben, dann verwenden Sie die Pflanze nicht. In der Apotheke bekommen Sie beispielsweise die beschriebenen Kräuter in getrockneter Form.

Unser gesamtes Programm finden Sie unter **kosmos.de.**
Über Neuigkeiten informieren Sie regelmäßig unsere Newsletter, einfach anmelden unter **kosmos.de/newsletter**

FSC
www.fsc.org
MIX
Papier aus verantwortungsvollen Quellen
FSC® C004592

Gedruckt auf chlorfrei gebleichtem Papier

© 2017, Franckh-Kosmos Verlags-GmbH & Co. KG, Stuttgart.
Alle Rechte vorbehalten
ISBN 978-3-440-15619-3
Projektleitung: Katrin Friedrichs, Birgit Grimm
Gestaltungskonzept: Gramisci Editorialdesign, München
Gestaltung und Satz: Atelier Reichert, Stuttgart
Produktion: Klaus Jost
Druck und Bindung: FIRMENGRUPPE APPL
Printed in Germany / Imprimé en Allemagne